KB122863

어른의 재미

어른의 재미

진영호 지음

버릴 건 체면,
잡을 건 균형

클레이하우스
CLAYHOUSE

나이가 들어서 놀지 않는 것이 아니라
놀지 않기 때문에 나이가 드는 것이다.

조지 버나드 쇼
극작가

어른의 재미는 절제에서 온다

친구들끼리 오랜만에 만나면 주고받게 되는 질문이 있다. "요즘 무슨 재미로 살아?", "재미있는 일 뭐 없어?"

　이 책을 펼친 여러분도 마찬가지일 것이다. 나는 무엇에 재미를 느끼는지, 다른 사람들은 어떤 재미를 느끼며 사는지 궁금해서 이 책을 집어 들었을 테니까.

　이런 질문을 던지면 돌아오는 대답은 몇 가지 유형으로 나뉜다. 가장 흔한 건 "잘 모르겠다"는 유형. 돈 벌고 일하는 게 바빠서, 육아하느라 바빠서, 다시 말해 사는 게 바빠서 재미를 느낄 새가 없다는 것이다. 다음으로는 "뭘 해도 재미없다"는 유형. 이 경우는 "잘 모르겠다"는 유형과는 반대로 시간이 있어도 뭘 해야 할지 모르겠고, 의욕도 없어서 무기력과 권태를 느낀다.

반면 재미있게 살고 있다는 답을 내놓는 사람도 있다. 대표적인 게 "나 요즘 여기에 완전히 꽂혔다"는 유형. 연애건 취미건 돈벌이건 어느 하나에 푹 빠져서 순전히 재미로 그 일을 열심히 한다. 언뜻 보면 제일 부러운 유형인데, 문제는 이런 몰입의 시기가 생각처럼 오래가지는 않는다는 점이다. 싫증도 나고 점점 더 큰 자극을 원하니 정신을 차리고 보면 허무하기만 하다.

이 중 어느 한 상태에 오래 머무는 사람도 있지만 대부분 시기에 따라 여러 유형을 오간다. 그런데 객관적으로 충분히 잘 지내고 있는 것처럼 보여도 자신의 삶에 완전히 만족하는 사람은 별로 없다. 누구에게나 결핍이 있고 불만족스러운 일은 있게 마련이지만, 요즘은 그 정도가 더 심해진 것 같다. SNS에 전시되는 '아름답게, 재미있게, 럭셔리하게' 연출된 타인의 삶에 자주 노출되어서 그런지 평범하고 아무럴 것 없는 내 삶이 때론 초라하게 느껴진다.

프롤로그. 어른의 재미는 절제에서 온다

그래서 이것저것 흉내를 내보기도 한다. 줄 서서 먹는 맛집도 가보고 수영장이 근사한 곳에서 호캉스도 즐기고 최근 유행하는 취미 생활도 해보지만, 남의 욕망을 따라 하는 것만으로는 진정한 재미를 찾을 수 없다. 그래서인지 요즘 따라 재미있게 살 줄 모른다는 것에 큰 열등감을 느끼는 사람이 유독 눈에 많이 띈다.

아이들은 까꿍 놀이, 잡기 놀이만 해도 저렇게 재미있어 하는데, 왜 어른들은 재미있게 사는 게 이토록 어려울까. 아이의 뇌와 어른의 뇌는 재미를 느끼는 부분이 완전히 다르다고 하니, 억지로 아이처럼 살 수도 없는 노릇이다.

그렇다면 어른인 우리는 어디에서 재미를 찾아야 할까? 온갖 의무와 책임을 지고 있는 데다 타인의 시선이나 타인과의 비교에서도 자유로울 수 없고, 나 자신이 무엇을 좋아하는지조차 제대로 알기 어려운, 그야말로 복잡한 존재인 우리는 과연 어떻게 해야 조금 더 재미있는 삶을 살 수 있을까?

나는 이 질문에 대한 답을 '절제'와 '균형'에서 찾았다. 절제와 균형은 사실상 동의어인데 강조하고 있는 측면이 조금 다르기에 굳이 두 단어를 함께 썼다. 사실 인류는 이미 2300년 전에도 이런 답을 알고 있었다. 쾌락주의라는 말이 따라붙는 고대 그리스 철학자 에피쿠로스는 욕망의 절제를 통해 고통을 없애고, 쾌락(아타락시아=평정심)에 도달하는 것을 최고선最高善으로 규정했다.

현대적으로 다시 해석하면, 결국 삶의 재미는 절제에서 온다. 얼핏 들으면 역설적으로 느껴진다. 절제와 재미는 서로 멀리 떨어져 있는 개념인 것만 같다. 하지만 인생을 살면 살수록 둘은 딱 붙어 있는 개념임을 피부로 느낀다. 나는 40년 가까이 직장 생활을 했다. 대기업에서 CEO도 해봤고 대학교에서 교수직을 맡은 적도 있지만, 그렇다고 요즘 젊은 사람들이 꿈꾸는 멋진 삶을 산 것 같지는 않다. 소위 대박을 친 것도 아니고, 파이어족이 되지도 못했으며, 인기 많은 인플루언서나 셀럽도 아니고, 평생 일에서 자유로워지지도 못했다.

그렇지만 적어도 내 주변에서는 누구보다 재미있게 사는 사람으로 인정받는다. 조기 은퇴를 하고 매일 노는 사람보다도, 큰 부와 권력을 거머쥔 사람보다도 인생을 더 재미있

프롤로그. 어른의 재미는 절제에서 온다

게 살아온 셈이다. 중간에 오래 쉬어본 적도 없는 내가, 평생 직장에 얽매여 살아온 내가 가장 재미있는 삶을 살았다니 당신은 믿어지는가?

이를테면 은퇴한 60대인 나에겐 20~30대 친구도 있다. 우린 비슷한 관심사와 취미, 삶에 대한 태도로 묶인 공동체의 일원이다. 계절마다 다른 운동을 즐기고, 글쓰기 수업을 들으며, 새로운 외국어를 배운다. 퇴직 후에도 스포츠 연맹의 임원직과 상장기업의 사외이사 일을 맡으며 나를 필요로 하는 사람들을 위해 내 몫의 일과 봉사를 하고 있다. 매사에 더 할 수 있어도 하지 않는 절제의 미덕을 발휘했고, 그 덕에 인생의 모든 영역에서 적절한 균형을 유지할 수 있었다.

온전히 나를 위한 삶, 가족이나 친구들과 좋은 관계를 유지하는 삶, 일을 하며 세상에 기여하는 삶이 균형을 이루었고 그 속에서 세상 사는 재미를 알았다. 두려움 없이 새로운 것을 배워 새로운 세상으로의 문을 열었고, 초심자가 되는 즐거움을 충분히 누렸다. 아래건 위건 세대가 다른 사람들과도 친밀히 교류하며 나의 조그만 세계에 갇히는 법

없이 삶이라는 넓은 무대를 마음껏 누볐다. 모두 체면을 시원하게 벗어던졌기에 누릴 수 있는 즐거움이었다.

그래서 나는 남들이 뭐라고 하건 간에 스스로 좋은 삶을 살아왔다고 자부한다. 특별한 재능이 있다거나 동료 임원들처럼 명문대를 나온 것도 아니지만, 누구보다 재미있게 살다 보니 그런대로 인생이 잘 풀렸다. 내 입으로 말하기 부끄럽지만 나름 에피쿠로스의 가르침대로 살아온 것 같다. 절제를 통해 삶의 균형을 유지했고, 재미있게 살면서 운명의 여신을 내 편으로 만들었다.

그래서 이런 지혜를 더 많은 사람과 나누고자 이번 책을 집필할 용기를 냈다. 인생을 좀 더 재미있게 살고 싶은 사람들에게 '어른의 재미는 절제와 균형에서 온다'는 사실을 말해주고 싶었다.

청년 세대에게는 이 책이 조급함을 버리게 되는 계기가 되길 바란다. "Keep Calm and Carry On!" 평정심을 유지하고 그냥 하던 일을 계속하자. 남들이 너무 빨리 달려가는 것 같다고 내 페이스를 잃을 필요는 없다. 인생을 돌아보니 단기적으론 불합리하고 엉망인 것처럼 보이지만 결국은 옳은 이치대로 돌아갔다. 쉽게 얻은 것은 쉽게 사라졌으며, 얄은 요행은 언젠가는 들통이 났다. 무리하지 말고 나에게 맞게 균형을 잘 잡는 법만 배워도, 하루하루는 충분히 재미있어지고 인생도 저절로 잘 풀린다. 당장의 욕심과 조급함에 균형을 잃지 말고, 놓치는 것에 대한 두려움FOMO, Fear of Missing Out도 버리고, 그냥 나 자신의 인생을 살자.

그리고 중년 세대와 은퇴 세대에게는 이 책이 새로운 도전을 하게 되는 계기가 되면 좋겠다. 매 순간 현재를 사는 우리에게 왕년에 무엇을 했는지가 뭐 그리 중요할까. 나이 들어 배우는 운동과 외국어만큼 재미있는 게 없고, 나이 들수록 사심 없이 편하게 대화를 나눌 수 있는 친구가 더 필요하다. 체면 따윈 다 내려놓고, 처음 배우는 아이의 마음으로 삶 앞에 조금 더 겸허해지자. 이건 내가 100퍼센트 보장할 수 있는데, 그러면 인생은 확실히 더 재미있어진다.

앞으로 이 책을 읽은 독자들에게는 더 자신 있게 물어볼 수 있을 것 같다. 요즘은 무슨 재미로 사는지. 얼마나 재미있게 살고 있는지 신나게 떠드는 당신의 들뜬 얼굴을 보고 싶다. 그런 독자를 몇 명이라도 만난다면 이 책을 출간하기로 마음먹은 내가 더 기특해질 것 같다.

그러고 보니 이 책이 완성된 것 자체도 절제와 균형을 잃지 않은 삶의 결과다. 그리고 내 인생 첫 책이 나오기 바로 직전인 지금 이 순간이 나는 그 어느 때보다 재미있고, 행복하고, 가슴이 뛴다.

목차

 1장

나이 들수록 재미있게

2장 균형 잡기의 기술

3장　**인간관계의 법칙**

4장 운명의 여신을 내 편으로 만드는 법

나이 들수록
재미있게

마르쿠스 아우렐리우스 Marcus Aurelius Antoninus

"당신이 익힌 일이 아무리 보잘것없는 것이라 할지라도 그 일에 전념하라. 그리고 그 속에서 즐거움을 찾아라. 진심으로 자신의 모든 것을 신들에게 맡긴 사람처럼 당신의 남은 생을 보내라. 그리하여 이제부터는 누구의 주인도 누구의 노예도 되지 마라."

인생에는
초라한 시절이 필요하다

젊은 시절엔 어린 나이에 성공해서 '최연소' 타이틀을 얻은 사람들을 부러워했다. 아니, 부러워만 했으면 다행인데 괜히 한참 뒤처졌다는 생각에 나 자신이 초라하고 한심해지기까지 했다.

다행히 그런 감정이 오래 지속되지는 않았다. 이른바 '소년 급제'가 인생 전체로 보면 대단히 위험한 일이라는 것을 내 눈과 귀로 보고 들으며 깨달았기 때문이다. 심지어 '소년 급제'는 '중년 이혼'과 '노년 무전'과 더불어 인생을 살면서 무조건 피해야 할 세 가지 중 하나에 속할 정도라고 한다. 불행한 중년의 가정생활과 궁핍한 노년 생활을 피해야 하는 이유는 따로 설명할 필요가 없을 것 같은데, 어린 나이의 벼락출세는 왜 경계해야 하는 걸까? 다들 빨리 성공하고 부자가 되고 싶어 하지 않나?

이유는 단순하다. '소년 급제'에는 부작용이 따르기 때문이다. 너무 빨리 성공한 사람은 지나친 자기 확신과 오만이라는 함정에 빠지기 쉽다. 성공 원인이 그저 자신의 노력과 능력에만 있다고 여기는 탓이다. 이런 사람들은 능력주의를 맹신하는데, 그러다 보니 성공에 필요한 다른 중요한 요소를 간과하게 된다.

성공하기 위해 노력과 능력이 필요한 건 당연하지만, 나자신이 아무리 잘났고 많은 노력을 했어도 기회가 오지 않으면 아무 소용이 없다. 그런데 그 기회는 늘 누군가의 도움을 필요로 하는 법이다. 가정환경이나 사회적 환경 역시 자신이 하는 일에 많은 영향을 미친다. 여러 차례 실패를 겪은 뒤, 이를 극복하고 힘들게 성공한 사람들은 이 모든 것이 자기 혼자만의 힘으로 이룬 게 아니라는 걸 알기에 매사에 겸허하다.

하지만 처음부터 일이 술술 풀려 너무 빨리 성공한 사람들은 자신의 노력과 능력을 과신한다. 성공한 사람을 앞에 두고 주위에서 감히 지적할 수도 없는 노릇이니, 자신에게 진심으로 조언해주는 사람도 많지 않다. 설사 있다 하더라도 그들은 쓴소리 따위는 귀 기울여 듣지 않는다. 자연스레 타인의 어려움에 점점 공감하지 못하게 된다. 초심으로 돌아가려 해도 돌아갈 초심이 없는 것이다.

오만함은 언젠가 나 자신을 시험에 들게 하고, 지나친 자기 확신은 부주의로 이어진다. 그 사례는 뉴스에서 심심치 않게 볼 수 있지 않은가. 젊은 시절 큰 성공으로 주변의 부러움을 샀던 이들 중 많은 수가 그 성공을 오래 지키지 못했다.

반면 어려운 시기를 충분히 겪은 후 차근차근 단계를 밟아 성공한 사람들은 시간이 지나도 안정적인 경우가 많다. 지금은 그런 사람이 더 부럽다. 마흔에 등단하여 세상을 떠날 때까지 작품 활동을 해온 소설가 박완서부터 75세의 나이에 오스카상을 받은 배우 윤여정까지 나이 들수록 더 빛나는 사람들을 보면 절로 경외감이 생긴다.

그리고 그들의 삶을 찬찬히 살펴보면 뜻밖의 깨달음을 얻게 된다. 바로 우리에게는 초라한 시절이 필요하다는 것. 20년 가까이 국민 MC 자리를 놓치지 않고 있는 유재석은 무명 시절 방송이 잘되지 않고 하는 일마다 어그러지자 이런 기도를 했다고 한다.

"진짜 한 번만 기회를 주세요. 정말 한 번만! 기회를 주셔서 나중에 소원이 이루어졌을 때, 지금 마음과 달라지고 초심을 잃어 이 모든 것이 나 혼자 얻은 거라고 단 한 번이라도 생각한다면, 그때는 정말 엄청난, 이 세상의 그 누구에게보다 더 큰 아픔을 주셔도 '저한테 왜 이렇게 가혹하게 하시나요'라는 얘기는 하지 않겠습니다."

나는 지금의 유재석을 있게 한 것은 이 기도와 무명 시절이었다고 생각한다. 기회의 소중함을 알았기에 성공한 후에도 항상 겸손할 수 있었고, 곁에 있어준 주변 사람들에게 감사할 수 있었으며, 수많은 유혹에도 흔들리지 않을 수 있었던 것이다. 오랜 무명 기간을 통해 그는 최고의 자리를 지킬 수 있는 자세를 다졌고, 그 덕에 시간이 지날수록 더 사랑받는, 누구나 만나고 싶어 하는 사람이 되었다.

『채근담』에 "불수고중고不受苦中苦, 난위인상인難爲人上人"이라는 말이 있다. 극한의 고통을 겪지 않은 사람은 다른 사람 위에 설 자격이 없다는 뜻으로, 힘든 시기를 지나온 사람만이 영광을 누릴 자격이 있다는 말이다. 물론 누군가는 거듭된 실패를 통해 세상에 대한 원망과 울분만 키울 수도 있다. 하지만 이 시기를 잘 넘겨 앞으로 당신이 얻게 될 성취를 오래 간직할 수 있는 그릇으로 삼는다면, 이 시기 자체가 당신 삶의 가장 큰 행운이자 자산이 될 것이다.

그러니 초라한 시기를 겪고 있다면 너무 쉽게 좌절하지 말고 지금 이 시기가 당신에게 주는 가르침을 발견하자. 한 번에 성공하지 않아서, 너무 빨리 일이 잘 풀리지 않아서 다행이라는 사실을 깨닫게 될 것이다.

체면을 내려놓은
부캐의 유용성

나이가 들수록 내 이름만 오롯이 불리는 순간은 줄어들고
사회적 이름과 역할로 불리는 순간이 많아진다. 어디의 대
표, 누구의 엄마, 어떤 일을 하는 사람. 자리가 사람을 만든
다는 말처럼 우리는 앉는 자리에 따라 자신을 맞추는 존재
다. 그래서 사회적 이름과 역할로 불리는 순간 어깨가 무거
워지고, 책임과 체면에서 자유로울 수 없다. 그렇기에 사회
적 이름에서 벗어나보는 건 제법 유용할 때가 많다. 말하자

면 일종의 '부캐'를 갖는 것이다. 가수 매드클라운이 분홍색 복면을 쓰고 마미손이 된 것처럼 부캐는 기존의 자아상과 사회적 시선에서 벗어나 자신을 새롭게 드러내게 한다.

수십 년 전 카투사로 군 복무를 하던 당시, 미군이었던 소대장은 내 이름의 이니셜 Y를 따서 나를 '야니'라고 불렀다. 한국어 발음이 어려워서 그저 부르기 쉬운 이름을 붙였을 따름이었겠지만, 그때 불린 그 이름을 나는 그 뒤로도 쭉 내 닉네임으로 유용하게 사용하고 있다.

내가 처음으로 이 닉네임을 사용한 건 20여 년 전 여의도 금융권에서 일할 때 다녔던 한 수영 모임에서였다. 나이 차이는 좀 있었지만 실력이 비슷한 네댓 명과 수영 모임을 시작했는데 그때 우리는 서로를 닉네임으로 부르기로 했다. 처음에는 어색했지만 사회적 이름을 지우고 나니 금세 친해졌다. 자신이 몸담고 있던 회사와 직함을 내걸고 만남을 이어갔다면 절대 그렇게 허물없는 사이가 될 수 없었을 것이다. 그 뒤로도 나는 취미 모임에서 '야니'라는 닉네임으로 내 소개를 대신하는데, 이 작은 변화가 내 삶을 더 즐겁게 만드는 데 톡톡히 기여했다.

나이 들수록 가장 먼저 버려야 하는 것이 바로 사회적 이름이다. 은퇴까지 했다면 더더욱 그 이름은 필요가 없다. 조직 안에서야 여러 이유로 중요하겠지만, 조직 밖에서는 아무짝에도 쓸모가 없는 것이 계급장이다. 우리는 다 같은 사람이고, 자연인이다. 그런데 젊은 시절 소위 잘나갔던 사람들일수록 왕년의 지위에 집착한다. 만날 때마다 온갖 무용담을 늘어놓으며 '라테' 타령을 하니 주변 사람들이 하나둘 떠나간다.

같은 회사나 조직에서 근무하던 동료들도 마찬가지다. 조직에 근무할 때야 상사고 부하 직원이었지만, 조직 밖에서는 그게 다 무슨 소용이란 말인가. 그런데 밖에서도 서열 놀이를 하며 여전히 상사 노릇을 하려는 사람이 많다. 당신이라면 그런 사람과 같이 놀고 싶겠는가? 그런 이들은 결국 외롭게 남겨질 뿐이다.

그들의 마지막 외침이 바로 "내가 누구인 줄 아느냐?"라는 질문이다. 남에게 하는 질문 같지만, 실상은 자신에게 하는 질문에 가깝다. 나를 둘러싸고 있던 사회적 이름이 떨어져 나가고, 자연인으로 돌아온 자신을 온전히 바라본 적 없는 이들의 외침이다.

이 과거의 망령과 촌스러운 자문자답 대신 새로운 이름을 갖자. 의례적인 인사치레와 우쭐함에서 벗어나 온전한 자신으로 세상과 타인을 마주하는 것은 서글픈 일이 아닌 드디어 자유로운 존재가 되는 과정이다.

나이 들수록 두 번째로 버려야 할 것은 프로페셔널리즘이다. 끊임없이 전문성을 강조하는 세상에서 프로페셔널리즘을 버리라니, 의아할 수도 있겠다. 하지만 자신의 직업과 전문 지식에 대한 자부심이 강할수록, 거기에 집착해서 새로운 경험과 즐거움을 거부하는 경우를 많이 보았다. 이러한 프로페셔널리즘을 놓지 못하고 계속 붙잡고 있을수록 삶의 즐거움과는 멀어진다. 나는 오히려 나이가 들수록 기꺼이 아마추어가 되길 권한다.

최근 한 TV 프로그램에서 박찬호 선수가 골프 대회에 참가한 것을 봤다. 한국을 대표하던 야구선수가 골프 대회에 참가한 것이 의아했지만, 골프를 진심으로 즐기는 듯한 모습을 보니 고개가 절로 끄덕여졌다. 실제로 그는 인터뷰에서 "골프가 어렵고 마음처럼 잘 안 되지만, 그래도 너무 사랑스럽고 좋다"라며 골프에 대한 애정을 드러냈다.

그 대회에서 박찬호 선수는 153명 중 153위를 차지했다. 하지만 그는 분명 자신의 도전을 즐기고 있었다. 만약 그가 야구를 했다면 아무리 즐기려 해도 그럴 수 없었을 것이다. 주변의 기대 섞인 시선도 부담스러웠을 테고, 현역 때와의 실력 비교도 은근 신경 쓰였을 테니 말이다. 반면 새롭게 도전하는 분야인 골프에서 그는 프로에 도전하는 아마추어였다. 그러니 승부에 대한 부담감은 내려놓고 오로지 좋아하는 마음만으로 즐길 수 있었다.

프로페셔널의 어원은 고대 프랑스어 'Profess'와 라틴어 'Professio'에서 유래됐다. Pro(대중 앞에서) + fess(말하다, 가르치다)가 결합한 단어로 여러 사람들 앞에서 말할 수 있는 사람을 일컫는다. 반면 아마추어의 어원은 라틴어의 'Amato', 즉 사랑하는 사람에서 유래됐다. 자격이나 전문성을 따지는 것이 아니라, 그 일을 사랑하는 사람을 말한다.

학교에서도 직장에서도 어쩔 수 없이 순위가 매겨진다. 학교에서는 성적순으로, 직장에서는 성과순으로 줄을 세운다. 못하는 사람은 못하는 사람대로, 잘하는 사람은 잘하는 사람대로 스트레스를 받을 수밖에 없다. 프로의 세계는 냉정하니까. 과정이 어떻든 결과로 평가받으니까.

반면 아마추어가 되면 승부의 결과나 평가는 중요하지 않다. 그저 그 일을 사랑해서 하기 때문이다. 젊은 시절 자기 업에서는 당연히 프로페셔널한 삶을 살아야겠지만, 그 것만으로는 인생이 즐거워지지 않는다. 아마추어로서 즐길 다른 무언가가 있어야 한다. 특히 나이가 들수록 자신이 진정으로 사랑하고 즐길 수 있는 것이 꼭 있어야 한다.

젊은 시절 나의 로망은 할리데이비슨 바이크였는데, 젊은 시절엔 그저 꿈으로만 품다가 나이 들어 뒤늦게 도전해보았다. 바이크를 타기 위해 필요한 2종 소형 운전면허 시험에도 무려 세 번이나 떨어졌는데, 그 때문인지 바이크에 대한 열망이 나날이 더 커졌다. 나이 들어 주책이라고 하는 사람도 있었고, 너무 위험하다고 하는 사람도 있었지만, 결국 나는 3전 4기의 노력 끝에 면허증을 따고 친구의 초대로 할리데이비슨 바이크 동호회를 찾아갔다.

왕초급자이자 연장자인 나를 위해 동호회 사람들은 가장 안전한 가운데 자리를 비워주었고, 덕분에 나의 로망은 결국 실현되었다. 위험하다고 생각한 아내가 강하게 반대해 오래 즐기지는 못했지만, 그럼에도 과감하게 도전했기에 짧게나마 즐거운 경험을 할 수 있었다.

사회적 이름을 내려놓고 기꺼이 아마추어가 된다는 건 한마디로 체면을 버리는 일이다. 과거에 이뤄왔던 것이나 내가 잘하는 것만을 계속 붙잡고 있는 대신, 서툴지만 한 인간으로서 내가 좋아서 할 수 있는 것을 즐겨보는 것이다.

백범 김구 선생은 『백범일지』에 "칭찬에 익숙하면 비난에 마음이 흔들리고, 대접에 익숙하면 푸대접에 마음이 상한다. 문제는 익숙해져서 길든 내 마음"이라는 말을 남겼다. 나이 들수록 더 깊이 새겨야 할 말이다. 자신을 푸대접한다 여기기 전에, 너무 대접받으려 한 건 아니었는지 돌아봐야 한다. 대접과 푸대접을 가리느라 신경을 곤두세울 시간에 조그만 즐거움을 찾는 게 훨씬 좋다. 동네 빵집에 들렀는데 마침 따끈따끈한 빵이 나왔다면 그걸로 행복한 것이다. 한 번뿐인 인생, 체면 차리느라 재미없게 사는 것은 너무 억울하지 않은가? 즐겁게 살아라. 그게 우리에게 주어진 삶을 낭비하지 않는 길이다.

해상도를 높이면
재미가 보인다

내게 자랑할 만한 게 있다면, 즐겁게 살고 있다는 것이다. 사람들은 경제적인 여유나 사회적인 지위만 있으면 즐겁게 살 수 있을 거라 믿지만, 내 주변에 있는 나보다 돈이 많고 더 많은 걸 이룬 사람 중에는 늘 심각하고 불만에 가득 찬 사람도 많다. 부와 명예와 권력이 꼭 즐거움으로 귀결되는 것은 아니었다. 물론 경제적인 여유나 사회적인 지위를 아예 무시할 수는 없겠지만, 즐겁게 사는 데는 다른 요소가 더 필요하다.

그렇다면 삶을 즐겁게 만드는 핵심 요소는 무엇일까. 그것 역시 일종의 태도다. 새로운 것에 대한 호기심과 즐거움을 찾으려는 적극성, 그리고 즐거움을 음미할 수 있는 여유 말이다. 즐거움을 위한 이런 태도는 삶을 더 좋은 쪽으로 이끈다. 잘 산다고 꼭 즐거운 건 아니지만 즐겁게 살면 더 잘 살게 된다.

내 삶을 돌이켜보면 확실히 그렇다. 새로운 것에 대한 호기심과 일상의 사소한 부분에서도 즐거움을 찾으려 했던 태도 덕분에 고단한 직장 생활을 어떻게든 견딜 수 있었고, 여유로운 태도 덕분에 좋은 인간관계를 쌓아나갈 수 있었다. 한 사람의 태도는 표정이나 기운에 드러나는 법이고, 다른 사람에게 미친 좋은 영향 역시 결국 나에게 다시 돌아오게 마련이다.

물론 나 역시 처음부터 그랬던 건 아니었다. 의식적인 노력을 꾸준히 한 결과였다. 사실 삶이 쉬운 사람은 없다. 누구나 실패하는 날이, 좌절하는 날이 더 많다. 그때마다 나는 꼭 성공해서 위로 올라가야겠다는 마음보다 그저 조금 더 즐겁고 재미있게 살고 싶다는 마음을 키웠다. 그래서 반복적이고 길게 이어진 직장 생활 중에도 틈틈이 재미의 기술을 익혔다. 그러다 보니 나이가 들수록 세상살이가 재미있어졌다. 세상에는 할 것도, 새롭게 시도해볼 것도 생각보다 많았다. 그러자 시도하지 않는 사람에겐 절대 보이지 않는 세상이 펼쳐졌다.

인생을 3단계로 구분하자면, 처음 30년은 일을 준비하는 시기, 다음 30년은 일을 하는 시기, 나머지 30년은 일에서 해방되는 시기일 것이다. 그런데 일 외에 다른 가치를 찾지 못한 사람에게 노년은 일에서의 해방이 아닌 추방이 된다. 나이 드는 것 자체가 큰 공포인 것이다. 큰 부를 쌓았거나 노후 준비를 잘해놓은 사람이라고 해도 일에 매몰되어 삶을 심각하게만 살아온 사람은 일을 놓는 것을 두려워한다.

그 일이 전부인 양 자신의 모든 것을 쏟아부었으나 지나고 보니 허망한 것이다. 그러니 후회가 많을 수밖에 없다. 뒤늦게 가족들과 시간을 보내려 애를 써보지만, 자신도 가족들도 어색하기만 하다. 어떻게든 재미있어지려다 가족까지 노잼으로 만드는 꼴이다. 하지만 즐거움은 다른 사람이 내게 주는 것이 아니다. 스스로 즐겁고 재미있는 인생을 만들어나가야 한다. 자신의 인생에 꽃도 심고, 나무도 심을 수 있어야 한다.

일하느라 한창 바쁜 젊은이들에게는 아직 먼 이야기처럼 들리겠지만, 삶은 쉼 없이 흘러간다. 미리 삶을 향유하는 기술을 익혀야 한다. 스스로 소박한 즐거움을 만들고 누릴 수 있는 사람만이 일에서 해방되는 기쁨을 만끽할 수 있다. 나이 드는 것을 두려움이 아니라 축복으로 맞이할 수 있다.

어렵게 생각할 것 없다. 재미란 해상도를 높이는 일이다. 내가 좋아하는 것에 대해 더 많이 알고 더 많이 경험하면 그 안에서 생각지 못한 즐거움이 발견된다. 뜻도 모르고 흥얼거리던 팝송 가사와 그 뒷이야기를 아는 것만으로도 그 노래가 새롭게 들리고, 가이드의 안내를 들으며 경복궁 투어를 해보면 여러 번 와봤던 그 장소도 새롭게 보인다.

새로운 공부를 하고 새로운 사람을 만나고 새로운 장소로 여행을 떠나는 일 등 새롭게 접하는 모든 것이 삶의 해상도를 높이는 일인 셈이다. 무언가를 알아갈수록 재미있는 일은 늘어나고, 새롭게 알고 경험한 것이 늘어날수록 내가 무엇을 좋아하는 사람인지 더 잘 알게 된다. 삶의 해상도가 높아지면 나 자신에 대한 해상도도 높아지는 것이다.

한 가지 취미에 매달리기보다는 여러 취미를 즐기고 다양한 즐거움을 찾는 게 좋다. 그 과정에서 즐거움의 포트폴리오도 만들어볼 수 있다. 예를 들어 취미를 운동, 예술, 자기 계발 등으로 구분해 각 항목별로 자신이 좋아하는 것이나 도전해보고 싶은 것을 따로 정리한다.

항목별 포트폴리오를 만들었다면 시기에 따른 포트폴리오도 만들어보면 좋다. 청나라의 장조가 쓴 『유몽영』에는 "봄비에는 독서가 좋고, 여름비에는 장기와 바둑을 두기 좋고, 가을비에는 옛 물건을 정리하기 좋으며, 겨울비에는 술을 마시기 좋다春雨宜讀書, 夏雨宜奕棋, 秋雨宜檢藏, 冬雨宜飮酒"라는 구절이 나온다. 계절과 시기, 상황에 따라 자신만의 즐길 거리를 만들어둘 수 있다는 얘기다. 운동만 하더라도 1년 내내 할 수 있는 운동이 있고 여름이나 겨울에만 할 수 있는 운동이 있으니 시기별로 적절하게 포트폴리오를 구성하면 계절의 변화에 따른 삶의 재미도 배가된다. 혼자 즐길 수 있는 것과 다른 사람들과 함께 즐길 수 있는 것도 적절하게 배분

하는 게 좋다.

즐거움은 절대 거창한 데 있는 게 아니다. '이 나이에 뭘'이라고 주저하지만 않으면 소소한 즐거움은 우리 앞에 무궁무진하게 펼쳐진다. 어릴 적 잘 놀던 방식을 되살려내서 재현하는 것도 좋다. 넷플릭스 드라마 「오징어 게임」에서 오일남 할아버지가 어린 시절 자신이 즐기던 놀이를 할 때 보이던 순수한 즐거움 말이다. 사람들은 나이 들면서 어린아이가 되어 간다고 하지 않던가? 어릴 적 즐겼지만 잊고 살아왔던 취미 생활을 다시 시작해보자.

일상의 고단함에 지칠 때 좋은 취미는 자신만의 숨 쉴 구멍이 된다. 그러니 자신의 즐거움을 찾고 개발하자. 스스로 즐겁게 살 수 있느냐가 나이 들수록 삶의 가장 큰 자산이 된다.

엉뚱한 행동들이
삶을 풍요롭게 한다

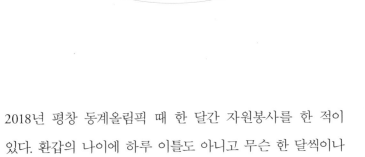

2018년 평창 동계올림픽 때 한 달간 자원봉사를 한 적이 있다. 환갑의 나이에 하루 이틀도 아니고 무슨 한 달씩이나 숙식을 같이하는 봉사활동을 가느냐고 의아한 눈길을 보내는 사람도 있었지만, 이때가 아니라면 다시 할 수 없는 일이라 생각되니 나에겐 뭘 더 따지고 말고 할 것도 없었다.

다행히 교수로 재직 중이던 학교가 겨울방학이었기 때문에 한 달이 넘는 시간을 통째로 비울 수 있었다. 경영대 학장님도 이런 나의 엉뚱한 행동을 적극적으로 격려해주셨다. 사실 1988년 서울 올림픽 때도 자원봉사 활동을 해보고 싶었지만 일본 유학 중이어서 참가하지 못했다. 어떻게 보면 그때 하지 못한 일의 한을 푸는 셈이었다. 30년에 한 번 있을까 말까 한 국내에서 열리는 올림픽이니 사실 이번이 내 생의 마지막 기회일지도 몰랐다. 그래서 더 이번 기회를 놓칠 수 없었다.

일본어와 영어가 가능했기에 내가 맡은 일은 '의전 및 통역'이었다. 전문직 자원봉사자들을 대상으로 치르는 어학시험과 면접을 거쳐 선발되었다. 도쿄 올림픽을 앞두고 있었던 만큼 일본 IOC 위원들이 많이 왔는데 그들을 안내하고 통역하는 것이 내 역할이었다.

지금 다시 생각해도 언제 또 그런 기회가 있을까 싶다. 일 자체도 보람 있었지만 자원봉사를 하러 온 수많은 젊은 세대와 가까이에서 부대끼며 소통할 수 있었다. 같은 자원봉사자 신분이었고 비슷한 마음으로 봉사활동을 하러 온 우리였기에 그깟 나이 차이는 아무것도 아니었다. 올림픽이라는 국가적 행사를 가까이에서 지켜보며 미약하나마 올림픽의 성공에 기여했다는 것도 잊을 수 없는 경험이 되었다.

2013년에 개봉한 「월터의 상상은 현실이 된다」는 1939년에 쓰인 동명의 소설을 원작으로 한 영화다. 이 영화의 주인공인 월터 미티는 한 잡지사에서 16년째 근무 중인 포토에디터다. 평범하고 반복적인 삶을 살고 있던 그에게 폐간을 앞둔 잡지사의 마지막 미션이 주어진다. 바로 잡지의 마지막 호 표지 사진을 찾아오는 것. 그는 문제의 사진을 찾기 위해 지구 반대편을 여행하며 바다 한가운데를 지나는 헬리콥터에서 뛰어내리고 폭발 직전의 화산으로 돌진하는 등 다이내믹한 모험을 하고 돌아온다.

여행을 떠나기 전의 월터는 누가 보더라도 보수적인 아저씨였다. 그러나 여행을 다녀온 후 월터는 록밴드 리더에 인디아나 존스가 되어 있었다. 상상을 현실로 만들자 경험이 되었고, 그 경험이 그의 정체성을 새롭게 만든 것이다.

안전지대에 오래 머물다 보면 그것이 감옥이 되어 나중에는 나가고 싶어도 영원히 나갈 수 없다. 섣불리 시도했다가 실패하면 손가락질을 받을 것 같고 스스로도 크게 낙담할 것 같아서 아무런 행동도 하지 않고 지금 자리에 그대로 머문다. 가만히 있는 것이 제일 안전하다고 생각하며 만족하는 것이다. 하지만 안전지대에만 머물면 '사는 재미'를 놓치게 되고 결국 사람 자체가 재미없어진다.

그런 재미없는 인생을 살고 싶은 사람이 있을까? 물론 모든 걸 버리고 지구 반대편으로 모험을 떠날 필요는 없다. 주의 깊게 바라보면 흥미롭고 새로운 일은 도처에 있다. 사소하지만 새로운 도전을 하고, 창의력과 상상력을 발휘하고, 자신의 조그만 세계에서 벗어나보자. 그 안에서 삶의 아름다움을 발견하는 것, 즐거움의 향유는 이런 노력들의 결실이다.

월터가 근무했던 잡지사인 《라이프》의 모토를 기억하자.

"세상을 보고 무수한 장애물을 넘어 벽을 허물고 더 가까이 다가가 서로 알아가고 느끼는 것. 그것이 바로 LIFE(인생)의 목적이다."

재미로 시작한 것도
중독되면 끝

내 삶에서 제일 중독성이 강했던 것은 담배였다. 담배를 피워본 사람들은 잘 알겠지만 니코틴 중독은 쉽게 끊을 수 있는 게 아니다. 다행히 일본에서 대학원을 다니던 때 담배를 끊을 기회가 생겼다. 같은 과에 한국, 일본, 중국, 미국, 캐나다, 대만, 태국 등 다양한 국적의 학생이 있었는데 그중에 흡연하는 사람은 나뿐이었다.

그런데 한 일본인 교수님이 유일하게 담배를 피웠던 나

를 배려한답시고 매번 수업 도중에 '진군을 위한 담배 휴식'을 선언하고 쉬는 시간을 가졌다. 끊고 싶다는 생각이 있던 차 괜히 민망한 상황에 자꾸 처하니 금연을 해야겠다고 결심했다. 그 일을 계기로 꽤 오랫동안 금연에 성공했는데, 시간이 한참 지나고 나서 회사 생활을 새롭게 하게 되었을 때 골치 아픈 일 때문에 다시 담배를 피우게 되었다. 아내 몰래 시작한 거였는데, 건강검진 혈액검사에서 니코틴이 나와 결국 들키고 말았다. 어찌나 당황스러웠던지. 결국 건강 문제도 겹쳐서 늦게나마 정신을 차리고 담배와는 영영 이별을 고했다.

두 번째로 중독성이 강했던 것은 일본 주재원 시절 경험한 파친코였다. 일본의 대도시 도처에는 지하철역 출구 앞이나 마을 입구에 파친코가 있다. 퇴근하는 길에 적어도 파친코 점포 몇 개는 지나쳐야 했다. 지나치게 화려한 네온사인 불빛과 경쾌한 음악 소리, 그리고 당첨되었을 때 나오는 축하 멘트 등으로 주변은 늘 시끌벅적했다. 점포 안에는 진지한 표정으로 기계에 집중하고 있는 샐러리맨과 주부, 수수한 복장을 한 단골들이 가득했다. 일렬로 기계 앞에 앉아 집중하고 있으니 모르는 외국 사람이 본다면 무슨 공장 같다고 생각했을 것이다.

파친코를 처음 접한 건 대학원 유학 시절이었다. 친구들을 따라갔다가 돈만 잃고 집으로 왔다. 그런데 그 뒤로 한두 번 더 따라다녀 보니 이게 꽤 중독성이 컸다. 나중에는 혼자서도 들렀는데, 대부분은 빈손으로 돌아갔지만 가끔은 짭짤한 용돈을 손에 쥐기도 했다. 이른바 도박의 불확실성이 주는 긴장감에 중독된 것이었다.

그나마 다행인 것은 유학생 시절이라 주머니에 돈이 얼마 없었던 것. 그러니 하고 싶어도 많이 할 수 없고 잃으려야 잃을 돈도 많지 않았다. 문제는 나중에 주재원으로 발령받아 다시 일본에 머물던 때였다. 경제적인 여유도 있었기에 더 거리낄 게 없었고, 돈을 좀 잃어도 스트레스 해소를 위한 비용이었다고 합리화할 수 있었다. 그런데 가랑비에 옷 젖는다고 몇 년 동안 잃은 돈과 시간을 생각하면 지금으로선 한숨이 절로 나온다.

패가망신이란 집안을 무너뜨리고 자신을 망하게 한다는 뜻으로, 그야말로 무시무시한 말이다. 패가망신의 지름길은 투기, 도박, 약물, 사치, 술, 문란한 생활 등 다양하다. 그런데 이 모든 것의 공통점은 바로 중독이다.

그렇다면 패가망신에 이르게 하는 중독은 어떻게 피할 수 있을까? 앞서 언급한 부정적인 것들은 아예 시도하지 않는 게 가장 좋다. 누구든 처음에는 자신의 의지대로 빠져나올 수 있을 거라 생각하며 시작한다. 그러나 중독되고 나면 그게 쉽지가 않다. 중독의 대가는 입구가 아닌 출구에 있는 법이라, 누아르물의 흔한 대사처럼 들어올 때는 마음대로 들어왔지만 나갈 때는 마음대로 나갈 수 없는 것이다. 그러니 자신의 의지를 과신하지 말고, 신중에 신중을 기해야 한다.

그런데 이미 중독이 되었다면 어떻게 해야 할까? 가장 중요한 건 우선 자신의 상태를 있는 그대로 인정하는 것이다. 사람들은 대부분 스스로 중독되었다는 것을 잘 받아들이지 않는다. 그저 재미로 조금 즐길 뿐 마음만 먹으면 금방 그만둘 수 있다고 생각한다. 하지만 이러한 인식이 더 심각한 중독을 초래한다. 중독된 것을 끊기 위해선 자신이 중독되었다는 사실을 인정하는 용기가 필요하다.

상황을 정확히 인지했다면 다음으로 패턴을 확인해야 한다. 내 경우 꼭 술을 마시고 귀가하는 길에 파친코에 들렀다. 다신 가지 않겠다고 마음먹어도 술이 들어가면 절로 파친코에 가고 싶어졌다. 일종의 학습이 된 것이다. 그래서 나는 파친코를 끊기 위해 술을 끊었다. 내가 파친코에 들르는 패턴의 연결고리 하나를 끊은 것이다. 기방에 발을 끊기 위해 자신이 가장 사랑했던 말의 목을 쳐버린 김유신처럼 우리는 자동 완성이 되어버리는 중간 과정을 과감히 끊어내야 한다.

　부정적인 것에 중독되는 사례만 언급했지만, 운동처럼 긍정적인 취미도 중독되는 순간 재미는 끝난다. 건강하게 살기 위해 시작한 운동인데, 운동에 중독되면 몸에 무리가 가는 줄도 모르고 자기 몸을 혹사한다. 심하면 몸에 좋지 않은 약물에 의존할 수도 있고, 과도한 승부욕이 발동해 정신적으로도 승패나 결과에 집착하게 될 수 있다. 이른바 '장비병'이 도져 이런저런 운동용품을 사는 데 과도한 돈을 쓸 수도 있고, 소중한 가족과 시간을 보내는 것에 소홀해질 수도 있다.

한마디로 과유불급이다. 재미있게 사는 삶을 지향할수록 우리는 절제의 기술을 습득해야 한다. 잠깐은 즐거움을 느끼겠지만, 중독되는 순간 그것의 노예가 된다. 노예의 삶에 자유는 없다.

"진정한 행복은 절제에서 나온다"라고 한 괴테의 말을 기억하자. 결코 쉽지는 않겠지만 자책하거나 포기하지 말고 중독된 채 보낸 시간을 새롭게 채워야 한다. 절제함으로써 삶의 균형을 유지하는 법을 배우자. 진정한 행복은 바로 거기서 시작된다.

미래를 위한
가장 확실한 투자

몇 년 전 대한상공회의소에서 대한민국의 현직 CEO들에게 설문 조사를 한 적이 있다. 대표이사가 된 현재, 업무를 수행하면서 어떤 기술이나 재능이 더 있었으면 하는지 묻는 질문이었다. 조직 관리나 전략 같은 답이 나올 줄 알았는데, CEO들의 답변은 의외였다. 가장 많은 답변이 나온 항목은 '체력'이었다.

조직 내에서 승승장구해오며 피라미드의 가장 꼭대기까

지 올라온 사람들에게 가장 아쉬운 건 체력이었다. 나 역시 절로 고개가 끄덕여졌다. 결국 마지막에는 체력이 모든 것을 결정짓는 경우가 그만큼 많기 때문이다.

어학 능력, 리더십, 화술, 회계 등의 기술이나 지식을 모두 완벽히 갖출 필요는 없다. 자신만의 확고한 무기만 있다면 부족한 부분은 다른 사람의 도움을 받는 것으로 충분히 극복할 수 있다. 우리는 무인도에 홀로 사는 게 아니니 말이다.

하지만 체력은 상황이 다르다. 내가 좀 부족하다고 남에게 도움을 받을 수 있는 종류의 것이 아니다. 빠른 시간에 체력을 높이기도 쉽지 않고, 나름 꾸준히 노력한다고 해도 티가 잘 나지 않는다. 타고나길 강골인 타입도 아주 가끔은 있지만, 대개의 경우 20~30대에 체력 관리를 잘해둔 사람이 나이를 먹어도 튼튼하다.

그런데 대부분의 사람은 당장 다음 달의 건강검진은 지나치게 걱정하면서도 10년 뒤의 내 체력에 대해서는 크게 염려하지 않는다. 하지만 나이 들어 뒤늦게 체력이 떨어진 걸 인지하면 이를 극복해보려고 애를 써도 마음처럼 쉽지가 않다. 젊었을 때보다 훨씬 더 큰 노력이 필요한 것이다.

주변을 둘러보면 좋은 성과는 잘 내지만 유난히 자주 아프고 일을 힘들어하는 사람이 있다. 그래서 젊은 시절 일정 기간 동안에는 회사에서 크게 인정받고 본인도 자신의 일에 자부심을 가지지만, 그 성취가 지속 가능하지는 않은 것이다. 어느 순간 체력이 떨어지고 건강이 나빠져서 전처럼 하고 싶어도 할 수 없는 상황에 처하고 만다. 이런 경우 뒤늦게 후회해봤자 나중에 할 수 있는 게 많지 않다.

직장에선 어떻게든 정신력으로 버틴다고 하지만, 체력의 한계를 느낄 때마다 그만두고 싶은 마음이 굴뚝같다. 체력이 약하면 일하는 데 모든 에너지를 다 빼앗겨 다른 취미생활을 하거나 가족들과 소중한 시간을 보내는 데도 제약이 따른다. 퇴근 후 집에만 가면, 혹은 일이 없는 주말에도 그저 누워서 쉬기 바쁘니 나를 위한 시간을 내기가 어렵다. 재미있는 삶과는 그만큼 더 멀어지는 셈이다.

사실 노는 것도 쉬운 일이 아니다. 체력이 뒷받침되지 않으면 재미있게 살고 싶어도 그럴 수가 없다. 다시 말해 아무 것도 재미있는 게 없다면 그건 체력이 떨어졌다는 뜻일 수도 있다. 노후 준비에서도 체력은 경제력만큼 중요하다. 내가 알고 있는 지인의 아내는 경제적으로는 부유하지만, 건강과 체력이 좋지 않아 집 밖으로 거의 나가지 못한다. 대궐 같은 집에서 명품에 둘러싸여 있지만 도무지 부러운 삶이라 생각되지는 않는다.

게다가 체력은 정신 건강에도 직접적인 영향을 미친다. 체력이 떨어져 만사가 귀찮아지고, 짜증이 잘 나고, 부정적인 감정에 쉽게 휩싸이게 되는 경험은 누구나 한 번쯤 해봤을 것이다. 충동적으로 잘못 판단하게 되는 경우도 늘어나고, 매사에 자신감도 줄어든다.

현대인들은 머리는 과도하게 쓰는 데 반해 몸을 움직이지 않고, 스트레스가 쌓여도 적절하게 해소하지 못한다. 그래서인지 정신과를 찾는 사람이 점점 늘어나고 있다. 사실 정신 건강에는 꾸준한 운동만큼 좋은 게 없다. 그렇기에 젊은 시절 미래를 위해 준비해야 할 가장 좋은 투자는 체력이다. 시간이 나서 운동하고 건강을 돌보는 게 아니라, 시간을 내 운동하고 건강을 돌봐야 한다. 체력은 누구도 대신해줄 수 없으며, 모든 보상과 대가도 당신의 몫이 될 것이다.

지루함이
인생에 보내는 신호

같은 일을 반복하다 보면 일에 익숙해진다. 일을 잘한다는 평가를 자주 받고 스스로도 숙련됐다고 여기면 자신의 일에 대해 만족감과 안정감을 느끼기도 한다. 하지만 그런 기간이 영원히 지속되지는 않는다. 더 큰 권한이 생기고 큰 프로젝트의 책임을 맡거나 새로운 업무로 확장해나가게 되면 계속 성장한다는 느낌을 받을 수도 있겠지만, 그 반대라면 반복되는 업무가 지루할 뿐이다. 이른바 슬럼프나 매너

리즘에 빠진다.

이대로 계속 직장 생활을 해도 되는지 고민이 커지고, 자신의 일이나 회사에 대한 불안감도 커진다. 이는 비단 업무에만 해당하는 얘기는 아니다. 알베르토 모라비아의 소설 『권태』에 따르면 "인간은 원래 권태에 토끼몰이 당하는 짐승"이다. 일이든 관계든 취미 생활이든 익숙해지면 지루해진다. 심지어 철학자 쇼펜하우어는 "삶은 고통 아니면 권태"라는 비관적인 말까지 남겼다.

삶이 고통스러운 것도 문제지만 지루해지는 것도 큰 문제다. 이런 상황에서 우리는 어떻게 해야 할까? 삶을 더 재미있게 만들려면 무엇을 해야 할까?

나는 삶의 지루함을 마주할 때마다 이것을 무언가 새롭게 배우라는 신호로 받아들였다. 모 기업에서 임원으로 근무하던 시절, 직급 특성상 야근을 할 일도 많지 않고 사람을 만나는 일도 별로 없다 보니 저녁 시간이 많이 생겼다. 20년 넘게 직장 생활을 해온 터였고, 실무를 배울 시기도 아니었다. 좋게 보면 여유로운 시간이었지만, 갑자기 시간이 남으니 어딘가 허전하기도 했다.

주변을 둘러보니 많은 선배들이 대학원에서 박사과정을 밟고 있었다. 그래서 나도 용기를 내 퇴근 후 대학원을 다니기 시작했다. 수업이 평일 저녁이나 토요일에 이뤄져서 업무에 지장이 없었기에 가능한 도전이었다. 사실 처음에는 공부를 다시 시작한다는 게 부담스럽기도 했고, 오래 경영학을 배운 데다 현장에서 일해왔으니 뭘 더 새롭게 배울 수 있을까 하는 오만한 마음도 들었다. 하지만 모든 게 내 착각이었다. 새삼스럽게 배우는 것도 많았고, 이미 알고 있는 것도 학문의 언어로 들으니 놓치고 있던 것들이 눈에 들어왔다. 뒤늦은 공부에 주변 사람들의 도움을 받아야 했지만, 임원으로 재직하며 느낀 리더십에 대해서도 정리할 수 있는 시간이었다.

우리는 살아오면서 "배움에는 때가 있다"라는 말을 많이 듣지만, 이 말은 정말 시대착오적인 말이다. 평균 수명은 계속 길어지고 새로운 기술은 매일 쏟아져나오며 문화도 계속 바뀐다. 이런 시대에 고작 나이 탓을 하며 배움을 멈춘다는 건 그야말로 위험한 선택이다. 물론 시간이나 비용이 많이 들 수 있고, 안 하던 공부를 하자니 힘이 들 수도 있겠지만,

무엇을 배우든 그게 우리 삶을 더 풍요롭게 할 거라고 나는 확신한다.

당장의 성과에는 도움이 되지 않을 수도 있고 즉각적인 필요는 없을지도 모른다. 하지만 공부란 나의 미래를 위해 씨앗을 뿌리는 일이다. 나 역시 당시로선 전혀 상상도 할 수 없었지만, 뒤늦게 취득한 경영학 박사가 훗날 대학교에서 산학교수직을 맡는 데 도움을 주었다.

게다가 내게 더 큰 도움이 된 건 새로운 공부가 지루해진 삶을 극복하게 해주었다는 사실이다. 새로운 것을 배우지 않았더라면 긴 직장 생활을 견디기 어려웠을 것이다. 돌이켜보면 크고 작은 슬럼프가 있었고, 지루해진 순간이 있었다. 그때마다 나는 새로운 것을 배웠다. 업무와 관련된 것도 있었고, 운동과 같이 건강에 관련된 취미도 있었다. 내가 아는 한 배움은 가장 확실한 투자였다.

"불학변노이쇠不學便老而衰"라는 옛말이 있다. 배우지 않으면 곧 노쇠하게 된다는 뜻이다. 어느 시점 이후로 새로 배우지 않은 채 기존의 지식만을 유지하려 애쓴다면 과거에 머물러 사는 것과 다름이 없다. 물리적으로 나이를 먹는 것만이 늘는 것이 아니다. 반면 새로운 것을 배울 때, 우리의 내면과 세계는 새롭게 채워진다. 그렇게 나아감으로써 삶의 지루함을 극복하고 전과 다른 세계에서 살아가는 것이다.

그러니 슬럼프가 찾아왔거나 삶이 무기력해졌다면, 피하거나 애써 모른 척하지 말고 다음 단계로 가야 할 때가 왔다는 신호로 받아들이자. 당신에게 보이지 않았던 완전히 새로운 세계가 당신을 부르고 있다.

원치 않는 일에서
벗어나는 법

점점 조기 은퇴를 목표로 삼는 사람이 많아지고 있다. 이른바 파이어FIRE, Financial Independence, Retire Early족으로 불리는 이들로, 늦어도 40대 초반에는 은퇴하는 것을 목표로 삼는다. 큰 부자가 되길 꿈꾸는 사람도 있겠지만, 그보다는 덜 벌고 덜 쓰면서 자신이 하고 싶은 일을 하며 사는 삶을 꿈꾸는 사람이 많다. 이를 위해 그들은 소비를 줄이고 투자와 저축을 늘리는 등 차근차근 미래를 준비한다.

고단하고 지루한 일에서 벗어나 자유롭게 살고 싶은 마음이야 누구에게나 있는 로망이겠지만, 나는 조기 은퇴가 실존하지 않는 유토피아 같은 것이라고 생각한다. 일하지 않아도 될 만큼의 '충분한 돈'을 버는 건 사실상 불가능하기 때문이다. 운이 좋아 큰돈을 번다 해도, 사실 이런 경제적인 성공에는 종착점이 없다. 시대에 따라 화폐 가치도 얼마든지 변할 가능성이 있어서 지금은 충분할 거라 생각했던 돈이 30년 후에는 아닐 수도 있다.

가장 큰 문제는 조기 은퇴를 꿈꾸는 이유가 '일하고 싶지 않다'는 바람에서 비롯될 때 생긴다. 원치 않는 삶을 피한다 해서 원하는 삶에 닿으리란 보장은 없다. 실제로 조기 은퇴에 성공해 자유로운 시간을 확보한다 해도 일 대신 무엇을 하고 살 것인지에 대해서는 진지하게 생각해두지 못한 경우가 많다. 자신이 하고 싶은 건 뭐든 하고 살 수 있을 것 같지만, 은퇴 이후의 삶에 대해 구체적으로 고민하지 않으면 그저 권태로운 나날을 보낼 뿐이다.

사람에게는 네 가지 고통이 있으니 가난한 빈고, 질병에 시달리는 병고, 홀로 남겨진 고독고, 그리고 아무것도 할 일이 없는 무위고이다. 실제로 주변에도 조기 은퇴를 시도한 사람이 꽤 있었는데 결국 다시 돌아왔다. 세계 최고의 휴양지라는 하와이의 와이키키 해변에서도 석 달만 놀아보면 절로 집 생각이 난다. 크리스마스가 신이 난다고 1년 내내 지속한다면, 그게 크리스마스일까?

우리에게 일은 단지 돈을 벌기 위한 수단만은 아니다. 우리는 일을 통해 자아실현을 한다. 물론 너무 많은 일이나 내가 원하지 않는 일은 삶을 피폐하게 하지만, 일에서 소외된 삶 역시 우리를 무력하게 할 수 있다.

그러기에 우리에게 중요한 건 얼마나 빨리 은퇴를 하느냐가 아니라, 나 자신이 원하는 일을 하느냐다. 일 자체가 즐겁고 가치 있게 여겨진다면, 굳이 조기 은퇴를 바랄 이유가 없는 것이다. 그러니 지금 자신이 지겨운 쳇바퀴를 억지로 굴리고 있다고 생각되면 일에서의 해방이 아닌, 원치 않는 일에서의 해방이 필요하다. 원하는 일을 지속 가능하게 할 수 있는 방향으로 삶을 전환해야 하는 것이다. 지금 자신이 하고 있는 일에서 발전시킬 수도 있고, 완전히 다른 일에서 찾을 수도 있다. 요술 망치로 내려치면 '짠' 하고 나타나는 게 아니니 조급하게 생각해서는 안 된다.

과거 사찰에는 승려마다 소임이 있었다고 한다. 손재주가 있으면 불화나 불상을 제작하고, 음식을 잘하면 공양할 음식을 짓는다. 부목은 불을 지피고, 지전은 전각을 관리한다. 언뜻 보기엔 일상적인 일이지만, 소임이자 소명이라 여기면 모든 일이 귀해진다. 사회도 이와 다르지 않다. 잘 살펴보면 내가 하는 일도 누군가에게 도움이 될 수 있다. 대단한 일이 따로 있는 게 아니라 스스로 자신의 역할에 의미를 부여하는 게 중요하다.

재미있는 삶을 지향한다는 건 유흥과 여가만을 좇는 것이 아니다. 그보다 근본적인 변화는 내가 하는 일에서도 재미를 찾는 것이다. 그러니 지금 하는 일이 재미없다면 좀 더 재미있게 일할 수 있는 길을 찾아야 한다. 일은 사회 안에서 자신의 가치를 확인하는 수단이고, 자신의 노력과 재능으로 세상에 공헌할 기회며, 더 높은 차원의 재미를 누릴 수 있는 무대다. 그러니 조기 은퇴 대신 자신이 원하는 일을 하는 것을 목표로 삼길 바란다. 그편이 더 현실적이고 의미 있는 목표가 될 것이다.

본업이라는 자산

10년 차 과장인 한 후배는 어느 날 문득 '계속 이렇게 살아도 될까?' 하는 의문이 머릿속에 떠올랐단다. 그러자 회의감이 몰려와 반년 무급 휴가를 신청했다고 한다. 명목상 자기 계발 휴가였지만, 사실상 자발적 백수의 길이었다. 보통 자기 계발 휴가를 낸 동료들은 이 기간 동안 승진 시험 공부를 하거나 어학 공부를 했지만, 그는 그런 모범생적인 삶이 촌스럽게 느껴져 그냥 무작정 놀기로 했다.

평소 로망이었던 평일 골프, 자전거, 스키 등을 즐기며 아무 생각 없이 이 시기를 재미있게 보냈다. 휴가 기간 중에 죽도록 공부해서 1년 빨리 승진해봐야 급여 차이도 별로 안 난다고 했다. 열심히 해봤자 별것 없으니, 자신의 시간을 노는 데 다 써버린 것이다.

이해가 안 되는 건 아니지만 점점 자기 본업을 가볍게 생각하는 경향이 심해지는 것 같아 안타까운 마음이 든다. 본업에서 큰돈을 벌 수 없다고 생각해 본업은 소홀히 하고 투자에 눈을 돌리는 사람도 많아졌다. 주식시장이 좋아 몇 차례 성공도 하니 스스로 전문가가 된 것 같은 착각에 빠진다. 본업도 충실히 하면서 투자도 함께 하는 거야 나무랄 일이 아니지만, 둘의 선후 관계가 바뀌면 곤란하다. 눈에 보이는 투자 수익이 커질수록 본업이 시시하게 느껴진다. 그게 심해지면 본업은 뒷전으로 하고 전업 투자자를 꿈꾼다. 그러다 투자가 잘못되어 그제야 돌아보면 그땐 이미 본업도 엉망이 되어 있다.

'맨발의 코봉이'로 인기를 끌었던 개그맨 장재영의 인터뷰 기사를 읽은 적이 있다. 오랜만에 자신의 근황을 이야기한 그는 한창 인기가 있던 무렵 '언제까지 방송을 할 수 있을까?'라는 생각이 들었다고 한다. 그래서 많은 돈을 투자해 사업을 시작했고, 그 뒤로 사업 실패와 사기 등으로 힘든 시기를 겪었단다. 그는 방송 일을 그만둔 것이 인생 최악의 선택이었다고 말했다. 지금은 그런 어려움을 다 극복해낸 것으로 보이나 본업을 쉽게 버린 것에 대한 후회는 숨기지 못했다.

그의 사연을 읽으니 예전에 한 개그맨 선배가 후배에게 했다는 당부가 기억이 났다. '처음에 인기를 끌었을 때 섣불리 사업에 손대지 말라'는 내용이었는데, 그 이유인즉, 처음에 유명해지면 주변에서 같이 사업을 해보자는 사람이 많이 생긴다고 한다. 그때 유혹에 넘어가 사업을 하게 되면 본업인 개그 활동은 소홀해져서 제대로 자리잡지 못한 채 대중에게 잊힌다는 것이다. 그러면 유명세로 시작한 사업도 흐지부지해지고 결국 이도 저도 아닌 상황이 오게 된다는 내용이었다.

우리는 자신의 본업을 비관적으로 생각하는 경향이 있다. 지금 당장은 잘되더라도 앞으로 지속되리라는 보장이 없기 때문에, 한마디로 미래가 잘 보이지 않기 때문에 다른 곳에서 기회를 찾으려고 한다. 내 주변에도 회사에서는 미래가 보이지 않는다며 직장을 그만두고 이민을 가거나 사업을 시작한 동료가 꽤 있다. 하지만 철저한 준비 없이 막연한 기대 하나로 본업을 떠난 사람들은 새로 도전한 일에서도 실패하고 힘들어하는 경우가 많았다.

물론 이 말의 요지는 '회사가 전쟁터면 밖은 지옥'이라고 겁을 주거나, 무조건 본업에만 충실하라는 시대착오적 결론이 아니다. 중요한 건 자신이 이제까지 해온 일을 존중하고 그에 대해 좀 더 관심을 갖는 것이다.

자신의 삶과 재능에 어떤 의미나 가치도 부여할 수 없는 일에 에너지 소모만 하고 있다면 하루빨리 삶의 궤도를 바꿔야겠지만, 그게 아니라면 본업은 생각보다 우리에게 의미가 크다. 자신이 가장 오래 일해왔고, 잘할 수 있는 일이며, 네트워크까지 갖추고 있는 게 본업이다. 그 자산을 보잘것없다고 여겨서는 안 된다.

예를 들어, 요즘에는 오래된 주택을 개조해서 카페나 상업 공간으로 활용하는 경우가 많다. 모든 걸 허물고 새로

지은 건물보다 역사와 시간의 흔적이 정체성을 부여하고, 그 공간을 더 특별하게 만드는 것이다. 사람도 마찬가지다. 지금 사는 곳이 마음에 들지 않는다고 해서 무조건 허물지는 말아야 한다. 자신의 일에 존중과 관심을 기울이며 기존의 토대 위에서 새로운 것을 받아들이고 변형하면 오히려 더 큰 경쟁력을 갖출 수 있다.

그래서인지 주변을 둘러보면 결과론적으로 자신의 본업을 소중하게 여기고, 본업을 기반으로 성장한 사람이 더 자신답게 살고 있다. 그리고 그들의 공통점은 자신의 일에 애정을 가지고 성장을 즐긴다는 사실이다. 새로운 가능성을 찾되, 지금의 일을 지나치게 비관적으로 여기며 쉽게 버리지는 말자. 애정을 가지고 본업을 바라보기 전까진 그 안에 어떤 보물이 숨겨져 있는지 모르니 말이다.

눈치 보는 사람과
눈치 있는 사람

나이가 들며 자연스럽게 알게 된 것이 하나 있는데, 바로 세상 사람들은 남에게 별로 관심이 없다는 것이다. 오늘 내 헤어스타일이 이상하다거나 장소에 맞지 않는 옷을 입었다 한들 남들은 그런 것에 별로 관심이 없다. 저마다 자신의 일에 신경 쓰느라 남이 뭘 어떻게 하고 있는지는 눈에 잘 보이지 않는다.

그러니 타인의 시선을 과도하게 염려하며 살 필요는 없

다. 재미있는 삶을 위해선 체면을 버리고 자유로워질 필요가 있다. 그렇다고 타인을 배려하지 않고 눈살을 찌푸리게 하는 행위까지 받아들여지는 건 아니다. 나의 재미를 위한 모든 자유는 타인에게 폐를 끼치지 않는 선에서 허락된다.

한마디로 눈치는 보지 말되, 눈치 있게는 살아야 한다. 비슷한 말인 것 같지만 둘은 완전히 다르다. 눈치를 보는 것이 상대의 기분을 맞추려 쩔쩔매는 거라면, 눈치가 있는 것은 타인을 자연스럽게 배려하는 것을 말한다. 사람들은 눈치 보는 사람은 만만하게 여기지만, 눈치 있는 사람은 가까이 두고 어울리고 싶어한다. 지나치게 자신을 낮춰서 아랫사람인 것처럼 행동하지 말고 동등한 사람으로서 타인을 배려하는 습관을 들여야 하는 것이다.

나이가 들수록 이런 눈치는 꼭 필요한데, 한국 사회에서는 연장자의 앞에선 말을 막거나 반박하지 않고 들어주는 경우가 많아서다. 갑질 문제는 많은 부분 당사자가 자신의 위치를 인식하지 못한 데서 오는데, 이런 배려나 침묵을 허용과 동의로 착각하는 것이다. 그러므로 나이가 들거나 지위가 올라갈수록 자신의 말과 행동을 더 경계해야 한다.

이는 기본적인 에티켓과 매너의 문제다. 시간과 장소에 맞는 행동과 발언을 해야 하는 것이다. 사회생활을 할 때뿐만 아니라 집안에서도 최소한의 예의나 지켜야 할 규칙이 있다. 사소한 것이라도 예의에 어긋나는 행동이 반복되면 가족 사이에서도 원한을 살 수 있다. 꼰대나 민폐 캐릭터로 낙인 찍혀 고립되고 싶지 않다면 기본적인 에티켓은 몸에 익혀둬야 한다.

몇 가지 지침을 기억해두면 좋다. 상대의 프로필에 대해 함부로 캐묻지 말아야 한다. 처음 사람을 만나면 특별한 이유가 없는 한 출신 학교나 직업, 연애나 결혼 여부 등에 대해서는 묻지 않는 게 예의다. 물론 아무렇지도 않게 여기는 사람도 있겠지만, 자신의 프로필을 말하는 걸 어려워하는 사람도 있다.

명절에 오랜만에 만난 조카들에게 흔히 하는 질문들도 마찬가지다. "결혼은 언제 하니?", "아이는 언제 갖니?", "취업은 했니?"와 같은 질문을 한다는 건 애초에 상대와 가깝지 않다는 것을 의미한다. 친근함 혹은 걱정이라는 명분을 내세우지만 상대방의 입장에선 당혹스러울 수 있다.

유머랍시고 상대방을 깎아내리거나 말을 함부로 하는 것도 조심해야 한다. 모두가 기분이 좋아지는 농담이야 얼마든지 환영이지만, 누군가의 수치심을 유발하거나 누군가를 불편하게 하는 농담이라면 그저 무례한 행동에 불과하다. 이때 가장 위험한 생각은 '그래도 나는 괜찮지 않을까?', '그래도 이 사람은 괜찮지 않을까?'라는 착각이다. 내가 재미있으니 남도 재미있을 거라고 생각하는 것도 착각이다. 세상에 선을 넘어도 괜찮은 사람은 없다.

내 말만 옳다고 여기고 자기주장을 강하게 내세우는 것도 경계해야 한다. 정말 스스럼없는 소통을 원한다면 듣는 연습을 해야 한다. 상대방의 말을 귀담아듣고 받아들일 건 받아들이는 유연함을 보이면 필요할 때 하는 나의 말에도 더 힘이 실린다.

지시보다는 제안이, 단정적으로 말하는 것보다는 하나의 가능성으로 제시하는 편이 마음의 문을 열기 쉽다. 그렇게 소통이 원활해지면 더 많은 사람과 즐거움을 공유할 수 있게 되고, 삶이 더 즐거워진다. 내가 몰랐던 것도 더 많이 알게 되고 내가 쓸데없이 고집을 부렸던 것도 내려놓을 줄 알게 된다.

　그러니 조금 더 눈치 있게 살자. 모든 것은 상대방에 대한 따뜻한 배려에서 시작된다. 마음대로 하는 데서 오는 해방감보다 타인과의 공존과 소통에서 오는 유대감이 삶을 더 흥미롭게 만든다는 사실을 기억하자.

나를 위한 시간을
확보하라

정년을 마친 지금은 원 없이 자유 시간을 보내고 있기는 하지만, 직장 생활을 할 땐 내 시간을 갖는 게 쉽지가 않았다. 일하랴, 아이 키우랴, 나를 위한 시간이나 취미 생활에 시간을 내는 게 쉽지가 않다. 내 경우엔 어릴 때부터 몸을 움직이는 걸 워낙 좋아했던 터라 보통은 출근 전이나 퇴근 후 혹은 주말에 운동을 했지만, 도저히 시간이 나지 않던 시기가 있었다. 그래서 한동안 운동을 하지 못한 채 지냈는

데, 몸도 뻐근하고 활력도 떨어져 운동 생각이 간절했다.

이렇게는 안 되겠다 싶던 차에 TV에서 63빌딩을 걸어서 올라가는 '63계단 오르기' 대회를 보았다. 당시 내 사무실은 32층에 있었는데, 점심 식사 후 계단으로 걸어 올라가기로 마음을 먹었다. 처음 며칠간은 페이스 조절이 안 되어 생각보다 힘들었다. 20층을 지날 때면 다리가 후들거리고 숨도 차기 시작했다. 그래도 한 달쯤 지속하니 일정한 페이스로 올라가는 요령도 생기고 근육도 붙었다. 평균 12분 내로 완주할 수 있게 되었는데, 완주한 후 34층 옥상에서 시원한 바람을 쐬며 서울 풍경을 내려다보면 그렇게 상쾌할 수가 없었다. 바쁜 생활이었지만 이렇게라도 내가 좋아하는 시간을 갖자 활기를 되찾을 수 있었다.

우리는 대부분 시간이 부족하다는 말을 입에 달고 산다. 맞다. 젊은 시절에는 해야 할 일도 많고, 하고 싶은 일도 많다. 하지만 아무리 바쁜 일상이라 해도 하루를 잘 살펴보면 10분, 20분씩 흘러가는 자투리 시간이 있다. 뭔가를 하기엔 짧은 시간이라 생각하며 핸드폰만 들여다볼 수도 있지만, 조금만 의식하면 더 좋아하고 가치 있는 일에 그 시간을 쓸 수 있다. 그게 무엇이든 좋다. 각자 좋아하는 일을 하면 된다. 명상을 하거나 글을 쓸 수도 있고, 취미 생활을 해나갈 수도 있다. 중요한 건 시간과 상황을 구체적으로 인식해 내 시간을 확보하는 것이다.

이런 시간은 자기 계발에도 활용될 수 있다. 예전에 내가 알던 사람은 화장실에 중국어 단어장을 가져다 두고, 화장실에서는 무조건 중국어 단어를 공부했다고 한다. 사소한 것 같지만 그 시간이 쌓이니 중국어를 익히는 데 톡톡히 도움이 됐단다. 물론 '그게 좋은 걸 누가 모르나, 잘 안 되는 거지'라는 마음이 들 수도 있다. 일상의 관성이란 본래 벗어나기 힘든 법이다. 하지만 일단 시작해보면 생각보다 엄청난 의지가 필요한 건 아니라는 걸 알 수 있다. 그저 화장실에 중국어 단어장을 가져다 두는 것으로 시작하면 된다.

여기에 한 가지 더 중요한 게 있다면, 한 번에 무리하지 않는 것이다. 매일 32층 계단을 오르며 어떻게 오르는 게 가장 좋을지 시간까지 재면서 나름 실험을 해본 적이 있다. 한번은 엄청나게 속도를 내어 뛰어보았는데, 중간에 기진맥진해져서 도저히 쉬지 않고는 오를 수가 없었다. 도착하고 나서도 한참 동안 헐떡거렸고, 계단을 오르는 게 싫어지기도 했다. 조금이나마 시간을 단축해보겠다고 더 빨리 가봤자 결과적으로는 오히려 천천히 일정한 속도로 올라가는 게 더 일찍 도착하는 방법이었다. 언제나 그렇듯 빨리 가는 것보다 자기 페이스에 맞는 속도로 꾸준히 가는 게 훨씬 오래 가고 멀리 갈 수 있다.

자신이 원하는 것만 하며 살면 좋겠지만, 그럴 수만은 없는 게 인생이다. 그럼에도 우리 앞에는 늘 선택의 순간들이 놓인다. 짧은 시간이라도 자신을 위한 시간을 차곡차곡 쌓아가면 성취감과 재미가 생겨난다. 그때 삶의 변화가 시작된다. 그러니 자신이 좋아하는 일, 가치 있는 일을 위한 시간을 확보하고 그 일을 꾸준히 해나가자. 미리 스포일러를 하자면, 그 작은 노력의 결과는 생각보다 더 멋질 수 있다.

2장

균형 잡기의 기술

루이자 메이 올컷 Louisa May Alcott

"일하는 시간과 노는 시간을 뚜렷이 구분하라. 시간의 중요성을 이해하고 매 순간을 즐겁게 보내고 유용하게 활용하라. 그러면 젊은 날은 유쾌함으로 가득 찰 것이고 늙어서도 후회할 일이 적을 것이며 비록 가난할 때라도 인생을 아름답게 살아갈 수 있을 것이다."

적당한 제약이
건강함을 만든다

밥벌이는 고단한 일이다. 매일 아침 일찍 일어나 붐비는 사람과 차 사이를 뚫고 출근해 하루 종일 반복적인 일을 하며 다람쥐 쳇바퀴 도는 듯한 일상을 살다 보면 어느새 스트레스가 쌓인다. 돈만 있다면 고된 일 따위 다 내팽개치고 휴양지를 돌아다니며 스트레스 없는 삶을 살 텐데. 그건 그저 꿈같은 이야기일까?

고교 동창인 한 친구도 이런 꿈을 꾸고 뉴질랜드로 이민을 갔다. 이민 초기에는 언어도 서툴고 할 수 있는 일도 별로 없어서 매달 실업 급여를 받으면서 살았단다. 그런데 이민자가 받을 수 있는 실업 급여도 웬만한 한국 직장의 월급 수준은 되었다. 이런 게 세계적인 복지 국가의 힘인가! 한국에서는 직장 생활을 하건 실업 상태에 있건 엄청난 스트레스에 시달려야 했는데, 이제 일도 하지 않으면서 실업 급여만 받아도 먹고사는 데 별 문제가 없으니 여기가 천국이 아닌가 싶었다고 한다.

그는 뉴질랜드에서 꿈꾸던 삶을 실현했다. 일하는 대신 골프, 바다낚시, 수영 등을 즐겼다. 한국에 비해 들어가는 돈도 적었기에, 고된 직장 생활의 한풀이라도 하듯 원 없이 즐겼다. 넓고 깨끗한 해변에 따뜻한 햇살까지 더없이 좋은 날들이었다.

하지만 그 마음이 오래 지속되진 않았다. 1년 그리고 2년이 지나니 여유로운 삶은 무료한 삶이 되었고, 피곤하게만 느껴졌던 인간관계도 너무 그리워졌다. 그래서 결국 그는 이민 생활을 청산하고 다시 한국으로 돌아왔다. 그 친구뿐만 아니라 비슷한 패턴을 반복하고 한국으로 돌아오는 사람이 제법 많았다. 파라다이스를 찾아 떠났지만, 정작 파라다이스를 견디지 못하니 이상하지 않은가?

사실 인간에겐 무한한 자유가 아니라 적당한 제약이 필요하다. 과일나무의 가지치기를 생각해보자. 과일나무가 균형 잡힌 성장과 영양가 있는 열매를 맺기 위해선 가지치기가 필수적이다. 그래야 햇볕이 골고루 들어가게 되고 나무의 형태 또한 잡아주며, 열매 역시 고르게 달린다. 무조건 제멋대로 둔다고 좋은 게 아니라, 적절한 제약이 있을 때 더 건강하게 자라는 것이다.

사람도 마찬가지 아닐까? 내가 아는 한 작가도 자고 싶을 때 자고, 일어나고 싶을 때 일어나며 아무런 제약 없는 생활을 했다고 한다. 그런데 건강검진을 했더니 신체가 받는 스트레스 지수가 굉장히 높게 나왔다. 내 마음대로 살면 마냥 좋고 행복할 것 같지만, 몸은 오히려 스트레스를 받는 것이다. 허리를 구부리고 의자에 앉아 있으면 당장은 더 편안하게 느껴지지만, 알고 보면 허리를 망치는 자세인 것과 마찬가지 이치다. 일상에서 적당한 제약이 사라지면 우리 삶은 균형을 잃는다. 지나친 얽매임만큼이나 지나친 자유도 우리에게 해롭다. 반면 적당한 제약과 그로 인한 스트레스는 오히려 활력이 될 수 있다.

이런 맥락에서 나는 장기 휴가보다 정기적 휴식을 선호한다. 장기 휴가는 삶의 밸런스를 무너뜨리고 좋은 것도 좋은 줄 모르게 만들며, 또 휴가 이후엔 후유증도 크다. 대신 바쁜 와중에 짬을 내어 즐기는 휴가는 그야말로 꿀맛이다. 고단한 하루를 보내고 돌아와 시원하게 맥주 한 잔을 들이켤 때 같은 맥주라도 그 맛이 완전히 다른 것처럼 말이다.

당신에게도 당신의 삶에 제약을 가하는 여러 의무와 책임, 그로 인한 스트레스가 있을 것이다. 그런 것들을 무조건 거부하지 말고 나라는 나무를 더 건강하게 자랄 수 있게 해주는 가지치기라고 생각하자. 운동을 위해 고용한 퍼스널 트레이너 같은 존재라 생각해도 좋지 않을까. 힘들기는 하지만 결국은 우리 삶을 더 건강하게 하는 동반자인 셈이다. 그러니 제약에서 벗어난 삶을 꿈꾸지 말고, 그 제약 안에서 당신의 자유를 완성하자. 건강한 삶이란, 적정한 제약 안에서 만들어지는 법이다.

재미는
균형에서 나온다

일반적으로 우리 삶에서 가장 중요한 것을 꼽으라 하면 나, 가족, 일을 들 수 있다. 인생을 이 세 개의 다리로 지지하고 서 있다고 생각하면 된다. 그런데 이 세 다리 중 하나에 과도한 무게가 실리면 어떻게 될까? 단기적으로는 어느 한쪽에서 오는 만족감에 마비되어 짜릿한 기분을 느낄지 모르나 전체적으로 보면 균형을 잃고 뒤뚱뒤뚱 걷는 위태로운 상태가 된다.

예를 들어 젊은 시절 일에 빠진 사람들은 성과도 잘 내고 승진도 빠르며 금전적인 보상도 따르기에 성취감도 크고 자존감도 높을 수 있다. 하지만 어느 순간 일에서 삐끗하거나 건강을 잃거나 가족과의 관계가 소원해지는 등의 부작용이 터져 나오면 그제서야 자신의 삶이 크게 균형을 잃었음을 깨닫고 허망함을 느낀다. 일에 과하게 몰입한 자신에게 충고를 해준 사람이 없었다고 한탄하지만, 사실 그 당시에는 누군가 충고를 했다 한들 제대로 들리지도 않았을 것이다.

반면 자신의 모든 걸 포기하고 가족을 위해 사는 사람도 있다. 노부모를 모시고, 배우자 뒷바라지를 하고, 자식을 잘 키우는 데 모든 에너지를 쏟고 자신의 삶은 희생하는 것이다. 물론 그러면서도 보람을 느끼고 삶의 의미도 찾을 수 있다. 하지만 다른 가족들이 그런 나 자신을 알아주지 않는다거나 뒤늦게 나 자신을 위한 삶을 살지 않았다는 각성을 하면 어찌할 수 없는 서운함과 속상함이 물밀듯 밀려온다. 사회적인 소외감도 따라올 수 있다.

일도 가족도 소홀히 하고 나 자신만을 위한 삶을 사는

것도 균형을 잃은 삶이긴 매한가지다. 지나치면 이기심과 무책임이 될 수 있고, 자신만을 위한 삶은 결국 고립으로 돌아온다. 타인과 세상에 공헌하지 못하는 삶에서는 의미를 찾기 어렵다.

나, 가족, 일, 이 세 가지에 모두 완벽해야 한다는 뜻이 아니다. 오히려 모든 걸 가질 수는 없으니 어느 정도 조금씩은 골고루 희생할 각오를 해야 한다. 많은 사람이 바라 마지않는 '워라밸'의 핵심은 직장 생활에서도 개인 생활에서도 포기할 것이 있다는 것이다. 일을 위해 포기해야 할 개인 생활이 있고, 개인 생활을 위해 포기해야 할 일이 있다는 뜻이다. 아무것도 희생하지 않고 어느 한쪽만을 지키려 한다면, 삶의 균형은 급격히 무너진다.

그러니 우선 지금 나 자신의 삶부터 점검해보자. 세 다리가 균형을 잘 잡고 있는지 모르겠다면 요즘 어떤 일에 시간을 쏟고 있는지 열 가지를 노트에 기록해보자. 현실에서 내가 실제로 쏟고 있는 시간과 에너지의 비중을 객관적으로 살펴보는 게 중요하다. 마음속 우선순위와 다른 곳에 더 많은 시간과 에너지를 쏟는 경우도 얼마든지 많기 때문이다.

그렇게 열 가지를 기록하고 보면 내 삶의 균형이 비교적 잘 잡혀 있는지, 어느 한쪽으로 확 기울어져 있는지 조금 더 선명히 보일 것이다. 그리고 균형이 깨진 삶을 살고 있다면 다시 우선순위를 바로잡아야 한다.

한 가지에 몰입하는 걸 집중력이 좋다며 긍정적으로 바라볼 수도 있겠지만, 그러면 전체를 볼 수 없다. 심리학에서도 이를 초점주의focused attention라고 부르며 한 가지에만 너무 열중하지 말 것을 권유한다. 한 가지에만 집중하면 필연적으로 실망감이 뒤따른다. 전체적으로 보면 잘된 일인데도, 특정한 것 하나만 보기 때문에 그것이 기대에 미치지 못했다고 쉽게 실망하고 좌절한다.

나, 가족, 일의 균형을 비교적 잘 잡고 살아온 사람도 삶의 전환기에는 균형을 잃을 위기에 봉착할 수 있다. 예를 들면 현업에서 은퇴했을 때다. 삶의 중요한 한 축을 담당했던 일의 비중이 줄어드니 무게중심이 어느 한쪽으로 확 쏠린다. 나 역시 퇴직한 후 새로운 삶에 적응하는 데 어느 정도 어려움이 있었다. 일상의 대부분을 차지했던 일의 빈자리를 무엇으로 채울까 하는 문제에 봉착한 것이다.

내 경우는 일이 줄어든 부분은 재능 기부와 봉사로 채우고, 가족과 나를 위한 시간을 늘리는 쪽으로 방향을 세웠다. 이때 나보다 먼저 은퇴한 선배들이 해준 조언이 큰 도움이 되었는데, 그 핵심은 새로운 일주일의 루틴을 만드는 일이었다. 가족, 건강, 즐거움, 사회적 기여와 같이 내 삶의 중요한 가치들을 실제 활동들로 구체화했고, 그 활동들을 일주일의 루틴에 담았다.

은퇴 후에도 주 5일제의 삶은 필요하다. 그래서 평일에는 재능 기부, 운동, 취미 활동 등 의미도 있고 재미도 있는 활동을 하기로 했고, 주말은 편히 쉬기로 했다. 이런 식의 루틴을 새로 구성하지 않으면 바이오리듬이 깨져서 몸과 정신이 모두 힘들어질 수 있음을 잘 알고 있었다.

물론 이건 은퇴한 사람에게만 해당하는 게 아니다. 그야말로 잊지 않고 챙겨야 할 것이 너무나 많은 세상이다. 조금만 방심하면 몇 가지에 매몰되어 균형을 잃기 쉽다. 그러나 영양이 골고루 잘 짜인 식단표를 한번 만들어두면 건강을 챙기기 수월해지듯 한번 좋은 루틴을 만들어놓으면 그 뒤는 어렵지 않다. 일상을 점검하며 자신에게 중요한 가치를 실현하기 위한 작은 행동 리스트를 만들자. 그리고 그것을 실천 가능한 루틴으로 구체화하자. 당신은 무엇을 잊고 있었는가? 자신의 삶에게 질문할 순간이다.

사는 건 다
거기서 거기

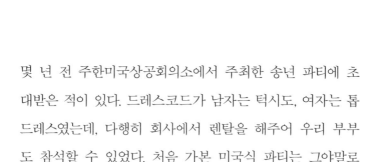

몇 년 전 주한미국상공회의소에서 주최한 송년 파티에 초
대받은 적이 있다. 드레스코드가 남자는 턱시도, 여자는 톱
드레스였는데, 다행히 회사에서 렌탈을 해주어 우리 부부
도 참석할 수 있었다. 처음 가본 미국식 파티는 그야말로
별천지였다. 화려한 샹들리에, 왈츠 음악과 댄스 등 마치 영
화 속 한 장면에 있는 느낌이었다.

생전 처음 겪는 댄스 타임에는 한국식 막춤을 췄고, 같

은 테이블에 앉은 외국인들과는 서툰 사교 영어로 대화를 나누었다. 솔직히 음식이 어디로 들어가는지도 몰랐다. 서너 시간 정도의 파티가 끝나고 집에 돌아왔는데, 그제서야 긴장이 풀리며 진이 다 빠졌다. 출출해서 아내와 컵라면을 끓여 먹었는데 그때가 그날 중 가장 행복한 순간이었다.

한 달 정도 지난 후 파티에서 찍은 부부 기념사진을 받았다. 잘 차려입은 파티 복장이었지만, 아내는 딱 한 번 보고는 마음에 안 든다며 사진을 구석에 치워두었다. 하긴, 평생 처음 입어보는 턱시도나 톱드레스가 어울리기를 기대한 게 무리일 수밖에. 어쨌거나 난생처음 가본 미국식 파티는 '별거 없다'는 결론으로 마무리됐다.

이날의 경험 이후 나는 화려한 삶에 대한 환상이나 로망이 사라졌다. 그저 익숙하지 않고 낯설어서 그 자리가 불편했을 수도 있지만, 핵심은 역시 나다운 것이 최고라는 사실이다. 소위 유명하고 돈 많고 잘나가는 사람들의 삶도 마찬가지다. 임원 생활을 오래하다 보니 기업 총수, 정치인, 법조인 등 소위 상류층 사람들을 만날 기회도 제법 있었는데 그들의 삶이라고 특별한 건 아니었다.

오히려 본인의 의지와는 상관없이 울타리에 갇혀 사는 경우가 많았다. 해야 할 것과 하지 말아야 할 것 리스트가 넘쳐났기에, 큰 부와 권력을 가졌으면서도 평범한 사람들보다 더 크게 자유를 억압받고 있었다. 나는 화려한 삶을 사는 유명인들 역시 우리가 상상하지 못하는 괴로움과 불안을 겪고 있을 가능성이 크다고 생각한다.

그럼에도 불구하고 우리는 여전히 다른 삶에 대한 환상에 더 쉽게 자극을 받는다. 유명인, 인플루언서, 일면식도 없는 낯선 타인, 지금은 연락하지 않는 고교 동창, 먼 친척, 친한 친구 할 것 없이 SNS에 올라오는 사진이나 소식 등을 보면 점점 내 삶이 초라해진다. 그렇게 나에 대한 불만이 커지면 우울감이나 열등감으로도 이어진다.

대한민국은 경제 규모에 비해 행복지수가 현저히 낮다. 2020년 『UN 행복 보고서』에 따르면 대한민국의 행복지수는 61위로 매년 순위가 떨어지고 있다. 여러 이유가 있겠지만, 나는 가장 큰 이유가 비교하는 문화에 있다고 생각한다. 다른 사람과 비교하고 비교당하는 삶에 행복이 깃들긴 어려울 테니까. 반면 핀란드, 덴마크, 아이슬란드, 네덜란드,

노르웨이, 스웨덴 등 북유럽 국가는 매년 행복지수 순위 최상위에 랭크되어 있다. 세계 최고 수준을 자랑하는 복지 시스템과 사회 안전망도 큰 영향을 미쳤겠지만, 나는 삶을 대하는 그들의 태도에 더 주목하고자 한다.

이를테면 북유럽의 라이프스타일인 휘게, 라곰, 팬츠드렁크, 닉센 등은 우리에게도 제법 익숙하다. 모두 편안하고 적당하고 제대로 쉬는 삶을 지향하는 말들이다. '얀테의 법칙'이라는 것도 있는데, 북유럽인들에게 절대적인 영향을 미치는 행동 지침이자 삶을 대하는 태도라고 할 수 있다. 한마디로 스스로 특별하다고 생각하거나 더 낫다고 생각하지 말라는 것. 바로 '내가 대체 뭐라고?'와 같은 태도와 마음가짐이다.

자신을 특별하게 여기는 순간 역설적으로 우리는 불행해진다. 내 인생은 특별할 필요도 대단할 이유도 없다. 특별하지 않아도 대단하지 않아도 충분히 행복할 수 있다. 어차피 세상에는 완벽한 배우자, 완벽한 행복, 완벽한 삶 같은건 없다. SNS에 비친 화려한 모습에 속을 필요도 없고, 환상을 좇으며 지금의 삶에 불행해할 필요도 없다. 남의 성공에도 배 아파하지 않고 그저 내 인생을 편안히 살아가는 것이 최선이다.

가수 이효리는 한 예능 프로그램에서 결혼 생활 유지의 비결로 이런 말을 남겼다.

"그놈이 그놈이다. 여자도 마찬가지예요. 그 여자가 그 여자다. 그걸 알면 결혼해서 쭉 사는데, 그걸 모르고 '저 사람은 뭔가' 하고 기대하면 그건 진짜 아니에요."

이효리의 명언으로 널리 회자되는 말인데 곱씹을수록 참 맞는 말이라는 걸 알게 된다. 다른 사람에 대한 환상을 품으면, 당연히 지금의 배우자에게 불만이 생긴다. 그러면 사소한 것에도 불만 섞인 태도가 드러나고 둘 사이의 관계도 나빠진다.

결혼 생활도 인생도 마찬가지다. 특별한 삶이 없다는 것만 알아도 인생을 잘 살 수 있다. 나 자신을 깎아내릴 시간에 동네 공원이나 산책하면서 친구들과 수다를 떨자. 그 편이 정신적으로나 육체적으로나 훨씬 도움이 된다. 행복의 다른 말은 무탈이다. 아무 탈 없이 하루가 지나가면 그것으로 행복한 삶인 것이다. 행복은 특별한 것이 아니라 조그만 일에도 미소로 답하는 것이다.

고대 그리스 철학자 에피쿠로스는 이렇게 말했다.

"못 가진 것에 대한 욕망으로 가진 것을 망치지 마라. 지금 당신이 가진 것 역시 한때는 바라기만 했던 것 중 하나였을 것이다."

그렇지 않은가? 지금은 그게 너무 당연해져서 소중한 것인 줄 잊은 것뿐이다. 소중한 것은 사라진 뒤에야 얼마나 소중한 것이었는지 깨닫게 된다. 그러니 우리는 지금 우리가 당연하게 누리는 것들에 감사해야 한다. 뻔한 소리라고 해도, 감사만큼 행복에 좋은 것도 없다.

무리하지 말고
나에게 맞는 속도로

올해 103세가 된 연세대 김형석 명예교수는 어린 시절엔 스무 살도 넘기지 못할 거란 말을 들었을 만큼 몸이 약했다고 한다. 이 글을 쓰고 있는 지금도 그는 건강하게 활동하고 있는데, 이런 자신의 장수와 건강 비결로 '평생 무리하지 않은 것'을 꼽았다. 자신의 몸이 약한 것을 알고 있기 때문에 무리가 가는 행동을 피하며 자신의 페이스대로 살아온 것이다. 사실 자기 페이스대로 사는 것은 말처럼 쉬운 일이 아니다. 누군가 내 앞에서 조금만 빨리 달려가는 것 같으면 곧장 자신의 페이스를 잃고 무리하기 십상이기 때문이다.

자동차 레이싱이나 육상 같은 경주에서 시작부터 끝까지 줄곧 1등으로 달려 도착하는 것을 '와이어투와이어wire-to-wire 우승'이라고 한다. 그런데 와이어투와이어 우승은 거의 볼 수 없다. 초반부터 선두에 서 무리하게 질주하는 그룹은 중도에 진이 빠져 대부분 후순위로 밀리고 만다. 처음부터 가장 뒤에서 달리는 것 역시 나중에는 맥이 빠져 1위 탈환이 힘들어진다.

그렇다면 어디쯤에서 달리는 게 가장 우승 확률이 높을까? 평균보다 한두 발 앞서 달리되, 결정적인 순간 피치를 올려 마지막까지 속도를 늦추지 않는 선수가 결국 승리한다. 올림픽에서 흔히 볼 수 있는 수영, 스피드스케이팅 경기 등도 다 마찬가지다.

사실 이건 모두 다 아는 전략인데도 실전에선 좀처럼 잘되지 않는다. 페이스 조절이 그만큼 어렵기 때문이다. 초반 컨디션이 굉장히 좋다고 생각하고 무리하다 경기 중반부터 힘이 빠져 선두 그룹에서 탈락하는 경우가 많다.

이건 우리의 삶에서도 마찬가지다. 실제로 젊은 시절 최고가 되기 위해 자기가 할 수 있는 것보다 더 빠르게 달려온 사람은 금세 지쳐 어느덧 레이스를 포기한다. 의욕도 넘치고 에너지도 충분하고 노력하는 만큼 성과도 나와서 피치를 계속 올려보지만 그게 자신에게 무리가 되는 줄도 몰랐던 것이다. 조금 더 앞서는 정도면 충분한데, 아니 조금 뒤처져도 충분히 괜찮은데 많은 사람이 그것을 모르고 무리하다 나가떨어진다.

젊어서는 1, 2년이 크게 느껴진다. 조금이라도 뒤처지면 초조해진다. 하지만 인생이란 긴 여정에 고작 몇 개월 혹은 몇 년이 뒤처졌다고 그게 무슨 대수일까? 조금 빨리 가거나 조금 늦게 간들 별 차이가 없다. 물론 당시에는 1, 2년 차이가 크게 느껴질 수 있고 뒤처진다는 생각에 의욕이 꺾일 수도 있지만, 지나고 보면 이 정도 차이는 아무것도 아니란 걸 금방 알게 된다.

나도 수능에서 재수를 했고 친구들보다 사회생활을 늦게 시작했기에 그런 기분을 느낀 적이 있다. 고작 1년 늦었을 뿐인데 뒤처졌다는 생각에 쉽게 초조해졌다. 하지만 조금

늦게 시작했기에 더 차분히 준비할 수 있었다. 결국 당시의 경험과 교훈은 내 삶에 돈으로 따질 수 없는 중요한 전환점을 마련해주었다.

주변을 둘러봐도 늦은 나이에 운수가 크게 트이는 경우가 많았다. 그리고 젊어서 성공하는 것보다 중년에 성공하는 것이 훨씬 좋다는 것도 알게 됐다. 중년에 성공한 사람들은 실패를 비롯해 다양한 경험을 했기에 더 탄탄한 내공이 쌓여 있었고 쉽게 들뜨거나 자만하지도 않았다. 매사에 감사할 줄 알았고 무엇보다 자기 페이스를 정확히 알고 무리하지 않으니 성공이 평생에 걸쳐 길게 이어졌다.

초반에 좀 늦는다고 남들과 비교하며 무리하게 되면 자기 페이스를 잃고 영원히 쫓기는 듯한 삶을 살 수밖에 없다. 그리고 인간은 그렇게 무리하면 누구나 지치고 소진된다. 그러니 남들과 비교하며 초반의 작은 차이에 연연하기보다는 자신만의 페이스를 유지하며 중요한 순간에 전력을 다할 수 있는 지혜가 필요하다.

언젠가 하버드대학교 졸업 축사에서도 졸업식이 끝나는 즉시 동기들과는 한동안 만나지 말라고 조언한 사람이 있었다. 그만큼 앞서가는 누군가와의 비교가 나 자신의 페이스를 흐트러트릴 수 있는 것이다.

자꾸 주변 친구들과 자신을 비교하면서 '나는 왜 이럴까?' 하는 깊은 좌절감을 느낀다면 환경을 바꿔야 한다. 물리적인 공간을 떠날 수도 있고 다른 연령대의 사람들을 만날 수도 있다. 좁은 공간에서 서로 비교하면서 살면 인생만 피곤해진다. 어차피 저마다 사는 법이 다르고 지향점도 다르다. 당신의 목적지가 남들과 같을 순 없다. 당신은 그냥 당신의 인생을 살면 된다. 나에게 맞는 속도로, 절대 무리하지 않으면서.

혼자 하지 말고
타인의 힘을 빌려라

일을 맡으면 꼼꼼하고 완벽하게 처리하는 친구가 있다. 책임감도 있고 성과도 잘 내기에 회사에 꼭 필요한 사람임은 분명한데, 그에게도 한 가지 문제가 있었다. 바로 다른 사람에게 일을 맡기지 못한다는 것이었다. 자신이 직접 하는 것에 비해 일 처리가 못 미덥기도 하고, 어차피 자신이 한 번더 체크를 해야 하니 그냥 스스로 하는 게 더 편하다고 여겼다. 그래서 결국 많은 일을 혼자 도맡게 되었는데, 그러다 보니 그 역시 너무 바쁘다고 투덜거리곤 했다. 은근 그런 상황을 즐기거나 자기 자신을 자랑스러워했을 수도 있겠지만, 어쨌건 그럼에도 그는 힘들어했다.

사실 많은 직장인이 착각한다. 내가 없으면 일이 잘 안 돌아갈 거라고. 물론 대부분은 사실이 아니다. 웬만한 규모 이상의 회사는 시스템으로 굴러가기 때문에 누구 한 명에 지나치게 의존하는 경우는 그렇게 많지 않다. 회사 역시 혼자 일을 떠맡는 사람은 그 능력과 책임감을 인정하면서도 한편으로는 경계의 눈빛을 거두지 않는다. 그런 사람이 갑자기 경쟁사로 가버리는 등의 황당한 일을 겪은 적이 있기 때문이다.

결국 회사와 개인은 서로 팽팽한 긴장 관계에 있어야 한다. 그렇기에 혼자 모든 일을 떠맡았는데 알아주지 않는다고 비통해할 필요도 없다. 오히려 지나치게 책임을 떠맡는 건 모두를 위해서도 좋지 않다. 자기 자신이 힘들어지는 건 물론이거니와 다른 사람이 배우고 경험해볼 기회를 가로막고 있는 것일 수도 있다. 당장 눈에 차지 않을지라도 다른 사람이 해낼 수 있도록 기회를 줘야 한다. 그들이 실패를 겪으며 하나하나 배우고 성장하도록 일을 위임할 수 있어야 한다.

세상에는 두 가지의 힘이 있다. 나의 힘과 남의 힘이다. 혼자 노력하는 '나의 힘'을 내려놓아야 '남의 힘'을 모을 수 있다. 나의 힘만으로 세상살이를 해온 사람에겐 남의 힘이 들어올 여지가 없다. 남의 힘을 믿지 못하면 그 힘을 이용할 수 없다. 하지만 '나의 힘'보다 '남의 힘'이 몇 배나 강하며, '남의 힘'을 잘 활용하면 나 혼자서는 할 수 없는 수많은 일을 해낼 수 있다. 영국의 젊은 부자인 롭 무어는 자신의 저서인 『레버리지』에서 그렇게 남의 힘을 이용하는 것을 '라이프 레버리지'라고 부르며, 이것이야말로 자본주의를 내 편으로 만드는 가장 중요한 기술이라고 말하기도 했다.

관중이 말한 천하를 얻는 방법 역시 지인知人-용인用人-중용重用-위임委任이라는 네 단계로 이뤄져 있다. 그러니까, '사람을 잘 알아야 하고, 알았으면 바르게 쓰되, 소중하게 쓰고, 모든 일을 믿고 위임'하라는 것이다. 곱씹어 생각하면, 사람을 못 알아보거나 귀하게 쓰지 못하는 것만큼 위임하지 못하는 것 역시 문제가 된다.

앞서 혼자서만 일을 많이 한다고 불만을 늘어놓은 친구는 결국 위임을 제대로 하지 못한 것이다. 시행착오를 겪더라도 위임에 성공하면, 자신은 더 크고 중요한 일에 집중할 수 있고 이를 통해 훨씬 더 큰 성과를 낼 수도 있다. 반대로 끝까지 위임하지 못하고 혼자 계속 모든 일을 끌어안고 끙끙대면 작은 일에만 붙들려 더 큰 책임과 권한을 갖는 자리로 올라갈 수 없다.

결과론적으로 어느 분야든 오랫동안 최고의 자리에 있던 이들은 남의 힘까지 귀중히 여기고 맡길 수 있는 사람들이었다. 그러니 은밀한 만족감과 불안감은 조금 내려놓고 남의 힘을 믿고 나의 힘을 내려놓는 연습을 해보자. 그래야 더 큰일을 해낼 수 있다.

과오는
사라지지 않는다

나는 2008년 모 기관투자가 회사의 첫 민간인 임원(최고재무관리자, CFO)이 되었다. 회원수는 17만 명에 산하 기업체와 투자처도 300개가 넘는 곳이었다. 현재는 운용 자산 규모가 14조 원을 상회한다. 이후 이보다 네댓 배 규모의 또 다른 기관투자가의 자산운용위원으로 근무한 적도 있다.

나는 처음부터 이런 자리가 각종 청탁의 유혹이 많은 자리임을 잘 알고 있었다. 그래서 취임식에서 공개적으로 두 가지 약속을 내걸었다. 하나는 업체 사람과 골프를 치지 않겠다는 것, 다른 하나는 업체 사람과 무슨 일이든 단독으로 만나지 않겠다는 것이었다. 미팅 때는 반드시 사내 담당자와 동행하여 불투명성이나 오해, 독단적인 결정을 미연에 방지하고자 했다.

콕 집어 골프를 이야기한 이유는 골프가 단순한 운동이나 친목의 장이라기보다 비즈니스의 장에 가까웠기 때문이다. 당시엔 골프 접대가 빈번했고, 접대는 청탁으로 이어지기 쉬웠다. 그래서 아예 그런 자리를 만들지 않겠다고 선언한 것이다. 혼자 만나지 않는 것 역시 뇌물을 받는 등의 부정적인 일이 일어나는 걸 미연에 방지하기 위함이었다. '나는 절대 그럴 리 없다'고 생각해도 막상 눈앞에 유혹이 있으면 마음이 달라질 수 있기에 처음부터 그런 환경 자체를 만들지 않겠다고 공표한 셈이었다. 그 뒤로 나는 회사에 근무하며 취임식 때 한 약속을 엄격하게 지켰다.

그런데 퇴직하고 5~6년쯤 지난 후에 한 직원이 업체로부터 수천만 원을 받아 구속되는 일이 있었다. 그때 나도 검찰에서 참고인 조사를 받았는데, 검찰 측에서는 나도 그 업체 사람을 만난 적이 있느냐고 물었다. 다양한 업체를 만나는 게 나의 일이었고, 생각해보니 그 업체 사람도 딱 한 번 만난 적이 있었다. 그래서 "한 번 만난 적이 있다"라고 답했다. 그러자 다 알고 있다는 식으로 나도 관련이 있지 않느냐고 추궁하기 시작했다.

말도 안 되는 소리였다. 다행히 나는 혼자가 아니라 직원을 동반해 한 번 만난 게 전부였고, 마음에 걸릴 게 전혀 없었다. 무슨 소리를 하는 거냐며 당당하게 이야기했고, 결국 나에 대한 참고인 조사는 해프닝으로 끝이 났다. 하지만 그 직원은 오랜 공직 생활을 불명예로 마무리하게 됐으니, 자신의 삶과 수천만 원을 맞바꾼 셈이 됐다. 나 역시도 작은 욕심을 냈었다면 어땠을까? 생각만 해도 아찔하다.

'바늘 도둑이 소도둑 된다'는 속담이 있다. 작은 과오를 저지르다 보면, 결국 익숙해져서 점점 더 큰 과오를 저지르게 된다는 뜻이다. 한두 번 잘못을 한 게 그냥 별일 없이 넘어가면, 처음엔 조마조마했을지라도 점차 죄책감이 무뎌진다. 그러다 '이 정도는 괜찮겠지' 하며 더 큰 잘못을 저지르게 된다. 그러기에 작은 과오가 드러나지 않고 지나가는 일은 결코 기뻐할 일이 아니다. 오히려 작은 잘못이 발각되어 크게 데고 자신이 저지를 수 있는 잘못에 경각심을 가지는 편이 훨씬 낫다.

예를 들어 '맥주 한 잔인데 뭐' 하는 마음에 음주 운전을 하게 되면, 다음에는 '두 잔, 세 잔까지는 괜찮지 않을까?'라는 생각을 하게 된다. 그렇게 버릇이 되면 사고가 날 때까지 이어지는 거다. 결국 작은 과오를 '무사히' 넘기다 보면 더 큰 과오를 저지를 가능성이 생기고, 이는 인생을 망치는 결과로 이어진다. 그렇기에 지금 하고 있는 작은 잘못들이 있다면 당장 멈추고 지난 과오를 반성해야 한다. 나는 괜찮을 거라 안이하게 생각하면 오산이다. 누구든 경각심을 갖지 않으면 쉽게 유혹에 빠질 수 있다.

사실 이런 윤리적 책임감은 기본 중의 기본이다. 너무 당연해서 굳이 말할 필요도 없는 잔소리처럼 들릴지도 모르겠다. 하지만 의외로 기본을 지키며 사는 것이 쉽지가 않고, 많은 사람이 이 기본을 지키지 못해 무너진다. 그러니 기본을 잘 지키자. 내가 무탈하게 잘 지내올 수 있었던 것도 결국 과오를 빚을 일을 피하며 기본을 잘 지켰던 것에 있다.

과오에 익숙해지는 걸 경계하자. 삶의 위기는 과오가 익숙해질 때 찾아오는 법이다.

이런 이야기가 촌스럽게 들릴 수도 있겠지만 대단한 일을 하거나 현란한 기술을 갖고 있지 않아도, 기본에 충실한 것만으로도 운명의 여신은 내 편이 되어주었다. 언제나 답은 기본에 있다. 벤저민 프랭클린의 말처럼 "밟아 다져진 길이 가장 안전한 법"이다.

조바심이
모든 걸 망친다

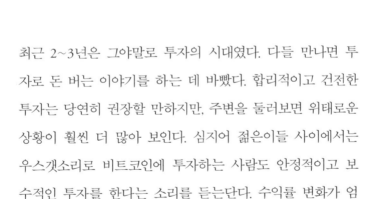

최근 2~3년은 그야말로 투자의 시대였다. 다들 만나면 투자로 돈 버는 이야기를 하는 데 바빴다. 합리적이고 건전한 투자는 당연히 권장할 만하지만, 주변을 둘러보면 위태로운 상황이 훨씬 더 많아 보인다. 심지어 젊은이들 사이에서는 우스갯소리로 비트코인에 투자하는 사람도 안정적이고 보수적인 투자를 한다는 소리를 듣는단다. 수익률 변화가 엄청나게 큰, 소위 '잡코인'을 하는 사람들에겐 비트코인조차도 답답하게 느껴지는 것이다.

부동산 가격이 뛰고 주식시장이 폭등함에 따라 상대적 박탈감과 위기의식을 느낀 탓이다. 그래서 있는 돈, 없는 돈을 다 끌어모으고 대출까지 감행해 무리하게 투자에 나선다. 그 초조함을 이해하지 못하는 것은 아니지만, 리스크에 대한 기본 개념도 없이 공격적인 투자를 하는 사람을 보면 마음이 안타까울 수밖에 없다.

투자를 할 때 하더라도 리스크 관리에 대한 이해는 필수적이다. 세상에 '로우 리스크, 하이 리턴low risk, high return' 상품은 없다. 고수익을 내고 싶다면 그만큼 높은 위험 부담을 감수해야 한다. 주식이나 펀드 계좌를 개설할 때 자신의 투자성향 검사를 하는 것도 자신의 성향보다 무리한 투자를 하는 것을 방지하기 위함이다. 하지만 막상 투자를 하는 순간에는 소위 대박 난 사람들의 이야기만 아른거릴 뿐, 자신이 감당해야 할 리스크가 무엇인지 크게 와닿지 않는다.

나는 30년 이상 금융권에서 일했고 대부분의 기간을 기관투자자의 입장에서 지냈다. 유튜브만 보면 성공한 개인투자자가 넘쳐나는 것 같지만, 실제 수익률은 알 수 없을뿐더러 그들은 정말 운과 실력이 좋은 소수에 불과하다. 그보단 잘못된 선택으로 큰돈을 날리고 남은 생을 빈곤하게 사는 사람이 훨씬 많았다. 심지어 가족들과 인연이 끊어지고 스스로 생을 마감하는 경우까지 있었다.

기관투자자 입장에서 보면, 기관투자자는 개인투자자들에 비해 막대한 자금과 정보, 기업 분석력을 갖추고 있다. 게다가 시간과의 싸움에서도 절대적 우위다. 빚을 내서 투자를 해 원금과 이자를 갚아야 하는 개인과는 달리, 아니 빚이 없더라도 여차하면 목돈이 필요한 개인과는 달리 기관투자자는 금리의 부담이나 자금 압박 없이 장기전이 가능하다. 자금의 규모로도 게임이 안 되지만, 심리적인 안정감에 있어서도 게임이 안 된다. 초조한 자와 여유로운 자가 붙으면 누가 이길까?

그런 기관투자자도 항상 금리 동향이나 다른 외국 기관투자자의 동향을 주시하며 리스크 관리를 하는데, 이제 막 책 몇 권 읽은 개인투자자들이 확신에 가득 차 마구 투자를 한다.

IMF가 오기 전, 대만 출신의 대학원 동기 한 명이 한국

주식에 투자를 하고 싶다며 종목 추천을 요청해왔다. 나는 고민 끝에 당시 가장 안전하다고 생각한 두 회사를 추천해 줬다. 하나는 국내 굴지의 대기업인 삼성전자였고, 다른 하나는 절대 망할 리 없을 거라고 생각한 한일은행이었다.

그런데 그 한일은행이 1998년 부도가 난 것이다. 다행히 삼성전자의 주식이 워낙 많이 올랐고 환차익도 있어 조금의 이익은 봤으나 종목을 추천해준 사람 입장에선 너무나 아찔한 상황이었다.

역시 세상에 '절대'는 없었다. 그 후 나는 어느 것에도 확신을 갖지 않기로 했다. 특히 무한 성장에 대한 확신은 더욱 조심해야 한다. 지속적으로 성장만 하는 것은 불가능하다. 당시에는 영원히 오를 것만 같아도 세상에는 수많은 변수가 있다. 그 기업이 가진 내재적인 변수도 있고 그 기업에 영향을 미치는 외재적인 변수도 있다.

영원히 성장할 것 같은 회사 중에 지금은 흔적도 없이 사라진 곳이 한두 군데가 아니다. 2009년부터 2017년까지 국내 주식시장에서 상장폐지 된 기업의 숫자만 436개다. 겁을 주는 꼴이 되어 미안하지만, 그건 누구도 컨트롤할 수 없고 미리 알 수도 없는 것이기 때문에 투자할 때 하더라도 리스크 관리는 해야 한다.

주변에 주식으로 돈 번 사람만 있는 것 같고, 가만히 있으면 나만 돈을 못 벌 것 같은 초조함에 주식시장으로 뛰어가면 그때는 언제나 끝물이다. 서점에 온갖 책이 쏟아져 나와 있다면 그 역시 거의 막바지가 다 됐다는 의미다. 모든 투자 물건에는 사이클이 있다. 탐욕이 극에 달한 시점에 리스크 관리 없이 투자에 나서면 많은 것을 잃을 수 있다.

투자의 기본 원칙은 싸게 사는 것이다. 그러니 지금 너무 올라서 초조하고 걱정이 된다면 무리하게 투자에 나설 것이 아니라 다음 기회를 놓치지 않기 위해 공부부터 제대로 하자. 투자의 기본부터 리스크 관리까지 차근차근 공부해 나의 내공을 쌓는 시간으로 활용하자. 이번 기회를 놓쳤다고 벼락거지니 뭐니 한탄할 필요가 없다. 어느 시대에나 변하지 않는 것이 있고, 천지가 개벽할 것 같은 변화의 순간들을 겪고도 삶은 언제나처럼 흘러갔다. 그러니 평정심으로 되돌아가자.

삶이 안락해지는
단순한 방법

기업에 장기간 근무한 경험으로 고려대학교 경영대학에 산학협력중점교수로 임용돼 취업을 앞둔 대학 3, 4학년 학생들에게 현장 실습 교육을 진행한 적이 있다. 기업 현장에서 배운 것을 학생들에게 가르치는 것도 큰 보람이었고, 밖에서는 따로 만나기 힘든 젊은 세대와 소통하는 것도 즐거웠기에 나름의 사명감과 책임감을 가지고 열심히 임했다.

그러던 어느 날 산학협력단의 규모와 예산이 축소되며

채용했던 교수진을 감축해야 하는 상황이 벌어졌다. 당시 경영대학장이 난감해하며 이런 상황임을 털어놨는데, 나는 그에게 고민할 것 없다고, 다른 말 안 나오게 그냥 나이 많은 순으로 정리하라고 했다. 그렇게 말할 수 있었던 건 교수진 중 내가 가장 나이가 많았기 때문이다. 애정을 갖고 하던 일이었고 그래서 더 욕심을 낼 수도 있었지만, 한창 일을 해야 하는 40~50대의 젊은 교수들을 위해 내가 물러나는 게 맞다고 판단했다. 그렇게 결정하자 마음이 편해졌다. 한 걸음 물러나니 내면의 평화가 찾아온 것이다.

많은 사람이 조금이라도 더 내 몫을 챙기기 위해 욕심을 낸다. 특히 상속 문제로 형제간에 다퉈 연을 끊고 사는 경우가 많다. 젊은 시절엔 설마 돈 때문에 형제들끼리 소송까지 할까 싶지만, 누구 한 명이라도 재산을 더 갖겠다고 욕심내는 순간, 다른 형제들 역시 없던 욕심마저 생긴다. 그러다 보면 기나긴 소송으로 돈은 돈대로 잃고, 형제간의 의는 의대로 상하게 된다.

천문학적인 액수와 경영권 등을 두고 다투는 재벌가뿐만이 아니다. 상속 금액이 크지 않은 평범한 서민 가족 사이에서도 심심찮게 벌어지는 일이다. 심지어는 부모가 자식에게 상속을 해준 후에도 자식이 그 액수가 마음에 들지 않는다며 취소해달라고 하는 '웃픈' 소송까지 있었다고 한다.

일본의 변호사인 나시나카 쓰토무는 자신의 저서『운을 읽는 변호사』에서 자신이 맡은 상속 분쟁에 관한 이야기 하나를 소개한다. 의뢰인이 운영하던 공장 부지 중 일부가 할머니 소유였는데, 그 땅을 고모와 공동으로 상속받게 된 사례였다. 이미 공장을 운영하고 있는 땅이기에 고모는 자신이 상속받은 땅을 의뢰인에게 팔되, 의뢰인의 사정을 악용하여 시세의 몇 배나 되는 금액을 요구했다. 의뢰인은 어떻게라도 돈을 마련해 토지를 차지할 수밖에 없었다.

그런데 몇 년 뒤 고모의 큰아들에게서 연락이 왔는데, 그 후 오래지 않아 고모는 돌아가셨고, 자신은 회사 자금에 손을 대 소송을 당할 처지라며 돈을 빌려달라고 했다. 물론 의뢰인은 그런 뻔뻔한 부탁은 들어주지 않았다. 지나친 욕심의 말로가 좋을 리 없는 것이다.

『채근담』에 이런 말이 있다.

"작은 길 좁은 곳에서는 한 걸음만 멈추어 다른 사람을 먼저 지나가게 하고, 맛있는 좋은 음식은 10분의 3만 덜어서 다른 사람에게 맛보게 하라. 이것이야말로 세상을 안락하게 살아가는 최상의 방법이다."

양보讓步의 한자를 살펴보면 여기에도 '걸음 보' 자를 쓰는 것을 알 수 있다. 상대에게 한 걸음 내어준다는 뜻이다. 내 몫을 더 갖겠다고 욕심내며 안간힘을 쓸수록 내 모습은 점점 더 추해지지만, 내가 먼저 한 걸음 뒤로 물러나 상대를 위해 길을 내어주면 마음은 점점 더 편안해진다. 인생을 안락하게 살아가는 길은 먼 곳에 있지 않다.

시간을
구조조정 하는 법

스페인 화가 프란시스코 고야가 그린 「자식을 잡아먹는 크로노스」라는 그림이 있다. 자식 중 한 명이 자신의 왕위를 빼앗을 거라는 신탁을 들은 크로노스는 자식이 태어나는 족족 그들을 잔인하게 뜯어먹는다. 크로노스는 그리스 로마 신화에 등장하는 시간의 신이다. 시간의 신을 이처럼 잔인하게 묘사한 이유는 아마 시간만큼 잔인한 게 없기 때문일 것이다.

하버드대학교에 입학한 신입생들이 가장 먼저 듣는 강의는 시간 관리 수업이라고 한다. 그만큼 시간 관리는 기본 중의 기본이다. 너무 기본이라 사실 어디에서도 제대로 배운 적이 없다. 가정에서도 학교에서도 구체적으로 가르쳐주지 않는다. 나 역시 '뭐 당연한 걸 구태여 배울 필요가 있나?' 하고 생각한 적이 있다. 하지만 시간은 우리에게 주어진 가장 값진 자원으로 만인에게 평등하고 유한한 자원이기도 하다. 살다 보면 자연스레 시간 관리법만큼 익혀두면 두고두고 좋은 것도 없다는 걸 알게 된다.

그도 그럴 것이 우리에겐 낭비하는 시간이 많다. 해야 할 일은 잔뜩 쌓여 있지만 멍하니 TV를 보거나 핸드폰을 보는 것으로 많은 시간을 보낸다. 머리로는 '유튜브 보는 시간을 줄여야 하는데', '게임 하는 시간을 줄여야 하는데' 하고 생각하지만, 어영부영하다 보면 시간은 금세 지나가 있다.

바쁘게 열심히 사는 것 같은데도 시간 관리가 잘 안 된다고 느낄 때도 있다. 늘 일에 쫓기고, 업무 시간 중에 일 처리가 다 안 되어서 야근을 하고, 그럼에도 성과가 잘 나지 않는다. 일 잘한다고 소문난 옆 팀 김 과장은 야근도 하지 않고 일도 별로 열심히 하는 것 같지 않은데 성과는 잘 만 난다. 그러니 세상이 불공평한 것처럼 느껴질 수밖에.

이유는 다른 데 있지 않다. 김 과장은 시간 관리를 스마트하게 잘하고 있는 것뿐이다. 어떻게 해야 그런 경지에 도달할 수 있느냐고? 답은 시간의 구조조정에 있다. 기업에서는 조직이 너무 비대해져서 효율성이 떨어지면 소위 구조조정으로 몸을 가볍게 한다. 기능이 겹치는 부서는 통폐합하고 성장성이 떨어지는 사업부는 조직을 축소하거나 아예 없애버린다. 사정이 심각하면 인건비를 줄이기 위해 대규모 인원 감축을 하기도 한다. 목표는 하나다. 효율성을 높이기 위함이다.

이런 기업에서의 구조조정은 개인의 삶에도 적용할 수 있다. 일상에 불필요한 시간이 자꾸 늘어나 비효율이 커지면 꼭 필요한 것만 남기는 방향으로 과감하게 자신의 시간을 구조조정 해야 하는 것이다.

시간을 구조조정 하는 방법은 의외로 간단하다. 먼저 자신의 하루를 잘 관찰해야 한다. 그러면 불필요하지만 그저 습관이 되어 반복해온 일이나 인생에 도움이 되지 않는 행동들이 눈에 보인다. 술이나 담배처럼 중독에 가까운 것도 있을 것이고, 머리를 식힌다는 이유로 하는 말 그대로 시간을 죽이는 '킬링타임'용 행위도 있을 것이다. 인터넷 커뮤니티 활동, 포털 뉴스 읽기, 유튜브 시청, SNS 활동, 주식창 보기 등 시도 때도 없이 스마트폰으로 낭비하는 시간만 해도 어마어마할 것이다.

정말 나의 스트레스 해소에 도움이 되는 행위라면 얼마든지 해도 좋다. 하지만 그런 자기 합리화와는 달리 사실 몸이 자동화되어 나도 모르게 하고 있는 행동이 훨씬 많지 않은가? 보기 싫은 것도 보고, 굳이 몰라도 되는 것까지 알게 되면서 오히려 더 스트레스를 받을 때도 있지 않은가? 그 순간은 즐거운 것 같지만 끝나고 나면 오히려 피로는 더 쌓여 있다. 그러니 그저 시간 때우기 식의 불필요한 습관은 즉시 폐기하는 게 좋다.

그러한 습관은 마치 먹는 순간엔 달콤하지만 서서히 내 건강을 망치는 불량 식품과도 같다. 언제든지 끊을 수 있을 것 같지만 마음을 굳게 먹어도 하루아침에 습관을 바꾸기는 어렵다. 하지만 이런 별것 아닌 것 같은 시간도 하나둘 모이면 엄청난 시간이 된다. 이런 불필요한 시간 때문에 정작 중요한 일에 쏟을 시간이 부족해지는 것이다. 그러니 시간 도둑은 하루라도 빨리 잡아야 하며, 본인 스스로가 바로잡는 수밖에 없다.

이런 나쁜 습관이 별로 없는 사람 중에서도 시간 관리가 안 되는 사람이 있다. 매일 바쁘다고 노래를 부르는 사람들인데 상당 부분 실속이 없거나 하나 마나 한 일을 하고 있을 확률이 높다. 일의 경중을 구분하지 못하고 모든 일을 끌어안고 있는 것이다. 하지만 그건 욕심이자 자만이다. 나에게 중요한 일만, 그것도 할 수 있는 만큼만 떠안아야 한다. 그렇지 않은 일들은 과감하게 줄이거나 포기해야 한다.

결국 선택의 문제다. 하나를 선택하면 하나를 버려야 하는데 다 하려고 하니 시간이 모자라는 것이다. 다음 주 초에 시험이 예정되어 있는데 모처럼 어릴 적 친한 친구들과의 여행이 잡혔다면? 여행 가서 공부를 하겠다고? 이는 말이 안 된다. 그냥 하나를 포기해야 한다. 둘 다 포기하고 싶지 않은 욕심이 둘 다를 망치는 법이다. 시간을 잘 쓰기 위해선 때론 단호하게 거절할 줄도 알아야 한다.

확실한 우선순위를 세워 취할 것과 버릴 것을 결정할 수 있을 때 시간의 구조조정이 가능하다. 급하지도 않고 중요하지도 않은 일들에 쫓겨 살고 싶지 않다면, 우선순위를 정하고 거기에 맞게 나의 소중한 시간을 쓰자. 우리가 쓰는 시간이 결국 우리의 인생을 만든다.

일과 휴식 사이에
벽을 세워라

직장 생활을 시작하면 정년까지 뼈를 묻을 각오로 일하던 시절이 있었기는 하나, 그렇다고 그게 쉬웠을 리는 없다. 내 경우에도 40대 무렵이 특히 그랬다. 인간관계의 스트레스나 고된 업무도 힘들었지만 가장 견디기 힘들었던 건 짜여진 삶의 대한 답답함이었다. 10여 년을 매일 똑같이 집과 회사 사이를 오갔지만 앞으로 더 많은 시간 동안 이 생활을 반복해야 했다. 집에 있을 때도 출근 생각을 하면 답답함이

몰려왔다. 그렇다고 이 생활에서 벗어나 이루고 싶은 다른 꿈이 있는 것도 아니었다. 그동안 쌓아온 것들을 버릴 수도 없었고, 가족을 생각하면 더더욱 그랬다. 돌이켜보면 슬럼프에 빠졌던 것 같다.

그때 나는 평소 내가 존경하던 선배들에게 고민을 털어놓았는데, 하나같이 같은 이야기를 했다. 그건 바로, 퇴근을 하면 회사에 대해선 어떤 생각도 하지 말고 일과 개인 생활 사이에 벽을 세우라는 것이었다. 처음에는 갸우뚱했다. 그게 말처럼 쉬울 리도 없고, 문제를 해결할 특별한 방책이라 느껴지지도 않았기 때문이다. 하지만 다른 뾰족한 수가 없었기에 선배들의 조언을 따라보기로 했다. 선배들의 말처럼 퇴근을 하는 순간부턴 회사에 대한 생각은 불필요하다 여기고 일과 휴식을 분리하려 했는데, 처음에는 잘 되지 않았다. 그런데 몇 달간 의식적으로 생각의 방향을 돌리니 점점 퇴근 후 회사 일에 대해 고민하는 시간이 줄어갔다. 나중에는 주말을 실컷 즐기다 월요일에 출근을 할 무렵에야 '맞다. 나 직장인이었지'라는 자각이 들 정도였다. 그리고 그 효과는 예상보다 컸는데 일과 휴식의 분리가 가능해지니 회사 일에 대한 스트레스가 줄었다. 엄밀히 말하면 회사에서 쌓인 스트레스는 비슷했지만 전보다 잘 회복되었다. 휴식의 양은 달라지지 않았지만 질이 달라졌기 때문이다.

전에는 집에 돌아와서도 회사 일에 대한 고민을 반복했다. 인간관계에서 벌어진 일을 곱씹기도 하고, 어떻게 업무를 할 것인지 골머리를 썩기도 하고, 출근할 생각에 고단함을 느끼기도 했다. 결과론적으로 보자면, 나는 회사에 있을 때도 회사 생각을 했고, 회사 밖에 있을 때도 회사 생각을 했다. 회사 일에 대한 생각이든, 회사를 벗어나고 싶다는 생각이든 내 머릿속은 회사로 가득했던 것이다. 그러다 일과 휴식을 분리하고 나니, 비로소 제대로 된 휴식을 즐길 수 있었고 그 뒤 20여 년의 직장 생활은 나름 즐겁게 견딜 수 있었다.

불면증 환자에게도 이와 비슷한 조언을 하는데, 숙면을 위해선 침실에서는 다른 활동을 하지 않는 것을 권한다. 오롯이 수면을 위한 공간으로 남겨둬야지, 침대에서 핸드폰을 보거나 책을 보는 등 다른 활동을 하면, 침실이 수면을 위한 공간임을 인식하지 못해서 수면의 질이 떨어진다는 것이다. 그러면 당연히 다음 날 활동에도 지장이 생긴다. 수면은 물론이고 낮 시간의 생활을 위해서도 의식적인 분리의 기술이 필요한 것이다.

완벽주의나 일중독으로 퇴근 후에도 일에 몰두하는 것도 마찬가지다. 휴식 시간에도 일을 생각하는 건 학창 시절 영어 시간에 수학 공부를 하는 것과 같다. 그렇게 해서는 영어와 수학 둘 다 제대로 공부할 수 없다. 현재 주어진 순간이 아닌 다른 순간을 살려고 할 때 인생의 스텝은 꼬여버린다.

일과 휴식을 제대로 분리해 쉴 때는 제대로 쉬어야 한다. 그리고 일할 때 제대로 일해야 한다. 퇴근 후와 주말에는 회사는 잊은 채 자유인으로 즐겁게 시간을 보내야겠지만, 새벽까지 술을 마시며 고주망태가 된다거나 놀 생각에 빠져 업무를 소홀히 해서는 안 된다. 중요한 건 결국 매 순간 주어진 시간에 충실해야 한다는 것이다. 그렇게 충실하게 보내다 보면 직장 생활도 조금 더 편해진다. 불필요한 마음의 갈등 없이 제대로 된 휴식을 취하니 마음도 회복되고 일의 능률도 더 좋다. 같은 등짐을 져도 노하우가 있으면 수

월해지고, 노하우가 없으면 몸이 다칠 수 있는 것처럼 버거운 직장생활도 노하우를 익히면 조금은 수월해지는 법이다.

　더 좋은 해결책이 있으면 좋겠지만, 돌아보면 잘 견디는 것 말고는 달리 도리가 없을 때도 있다. 버겁고 힘들겠지만, 분리의 기술을 익혀보자. 당신의 집에 회사의 흔적을 끌고 오지 마라. 일은 충실히, 휴식은 온전히 해라. 어쩌면 이 작은 변화가 이 순간의 우리를 구해낼 것이다.

어른의 재미

당신은 함께
일하고 싶은 사람인가?

업무 능력이 탁월한 후배 직원과 함께 일한 적이 있다. 공부를 많이 해 지식도 풍부하고 일머리도 좋아서 실력만큼은 최고라고 인정을 받았다. 그런 그에게도 한 가지 단점이 있었는데, 바로 상대방을 배려하지 않는 태도였다. 그는 일하는 도중에는 상사들도 말을 잘 못 건넬 정도로 신경질적이 되었다.

바로 그 태도가 후배 직원의 발목을 잡았다. 연차가 쌓여 진급을 해야 하는 타이밍에도 연거푸 누락되었고, 결국 회사도 그만두게 되었다. 똑똑하고 능력이 좋았던 그는 이런 상황이 잘 이해되지 않았다. 그렇게 열심히 일했는데 뭔가 대단히 잘못된 거라 생각했다. 쓰임을 다하고 삶아 먹힌 사냥개라도 된 심정이었다. 하지만 미안하게도 내 눈엔 이모든 게 너무나 당연한 수순으로 보였다. 아무리 능력이 뛰어나도 함께 일하고 싶지 않은 사람은 조직에서 오래 살아남지 못하기 때문이다.

산학협력중점교수로 근무하던 당시 대기업, 금융회사, 공기업 등을 방문해 학생들에게 어떤 교육을 더 하면 좋을지 물어본 적이 있다. 결과는 의외였다. 어학, 회계, 기획, 마케팅과 같이 실무와 관련한 답이 나올 거라 예상했는데 인성 교육을 해달라는 답변이 압도적으로 많았다. 곱씹어 생각해보니 절로 고개가 끄덕여졌다.

사실 실무 능력이 부족한 사람이 회사에 끼치는 피해는 그렇게 크지 않다. 나머지 팀원들이 처음에 조금 더 고생은 할 테지만 서로 힘을 보태면 웬만한 업무 공백은 충분히 메울 수 있다. 게다가 배우고자 하는 자세가 되어 있고, 미안한 마음과 고마운 마음을 표현하며 열심히 노력하면 다른 사람들의 도움을 받아 실무 능력도 금방 키울 수 있다. 하지만 인성이 좋지 않은 사람은 문제가 다르다. 회사에 훨씬 더 큰 손해를 끼친다. 팀워크가 깨지고, 소통과 협업도 잘 안 되니 결과가 좋을 리 없다. 부도덕한 일을 저지를 위험성도 있다.

팀원일 때는 그런 문제가 밖으로 덜 드러날지 모른다. 하지만 팀장 등 중간 관리자가 되면 이야기가 달라진다. 본인의 실무 능력도 중요하지만, 조직에서 위로 올라갈수록 협업과 소통 능력이 훨씬 더 중요하기 때문이다. 팀원들의 마음을 하나로 모으고 그들의 능력과 노력을 한데 모아 최대한의 시너지를 발휘해야 한다. 그러니 이때부터 평가되는 직무 능력은 전혀 다른 게 된다. 인성의 비중이 점차 커진다. 여기에서 인성은 리더십, 친화력, 소통 능력, 추진력, 책임감, 정직성, 솔선수범 등을 모두 포함하는 개념이다.

주변을 배려하지 않고 이기적으로 행동하거나, 상대방에게 불편하고 상처를 주는 말을 자주 하거나, 사소한 약속을 지키지 않는 등의 평가를 받는 사람과 일하고 싶은 사람이 있을까? 일만 잘한다고 그런 나쁜 태도들이 모두 용서가 될까? 젊을 때는 승승장구하는 것처럼 보이지만, 결국 오래갈 수 없다. 업무 성과는 좋은데 기대만큼 인정받지 못한다는 느낌이라면, 행여나 자신의 인성과 태도에 문제가 있는 것은 아닌지 점검해보자. 이런 결점은 본인은 잘 모를 수 있지만, 주변 사람들은 놀랄 만큼 민감하게 감지한다.

물론 나의 진심과는 달리 상대가 오해할 수도 있고, 내게도 그렇게 행동할 수밖에 없는 이유가 있었을지 모른다. 그럼에도 나의 입장을 내려놓고 상대의 입장에서 이 상황을 다시 살펴볼 필요가 있다. 물론 이건 회사 생활에만 국한된 얘기가 아니다. 결국 모든 건 사람이 하는 일이고 혼자 할 수 있는 일은 아무것도 없기 때문이다. 상대가 오해하고 있다면 더 긴밀히 소통해야 하고, 내게도 억울한 점이 있다면 할 말은 똑바로 하되 태도는 정중해야 한다.

나이스한 사람은 어디를 가나 환대받는다. 누구나 같이 일하고 싶은 사람이기 때문이다. 실수하면 겸허하게 그 사실을 인정하고 문제를 차분히 해결하는 사람, 협업 관계에 있는 사람들과 정확하게 소통하면서 공동의 목표를 향해

나아가는 사람, 할 말은 똑 부러지게 하되 정중하고 호의적인 태도를 유지하는 사람과 함께 일하기 싫어하는 사람도 있을까? 남의 눈치를 보며 전전긍긍하거나 호구로 살라는 말이 아니다. 함께 일해야 하는 사람에게 기꺼이 함께 일하고 싶은 사람이 되어주라는 것이다. 그렇게 환영받는 사람이 되면, 일도 더 재미있어지고 그렇게 바라던 성공도 더 가까워진다.

결정하지 않는 것이
가장 위험하다

대한민국에서 제일 잘나가는 펀드매니저 후배가 한 명 있다. 아는 것도 많고 업무 윤리성도 높았다. 유혹이 많은 자리에서도 절대 잘못된 행동은 하지 않는 이른바 바른 생활 사나이였다. 그런데 이 앞날이 창창한 젊은 펀드매니저에게 어느 날 청천벽력 같은 소식 하나가 들렸다. 검찰로부터 내사를 받게 되었다는 거였다.

놀라긴 했지만 아무리 생각해도 잘못한 게 없었기에 별

일 없이 넘어갈 거라고 여겼다. 이야기를 들어보니 3년 전 일이라는데 그제야 떠오르는 사건이 하나 있었다. 모 투자처 업체로부터 돈다발이 가득 들어 있던 007 가방을 전달받은 적이 있었다. 물론 며칠 후 바로 돌려줬으니 그는 잘못한 게 없었고 금세 자신의 결백을 증명할 수 있을 거라 믿었다.

하지만 검찰은 그의 주장을 받아들이지 않았다. 알고 보니 중간에서 돈을 전달한 브로커가 돈을 돌려받은 적이 없다고 발뺌한 것이다. 소위 말하는 배달 사고였다. 후배 펀드매니저는 너무 억울했지만 돈을 돌려준 것을 입증하지 못해 실형을 살았다. 다행히 몇 달 후 브로커가 자백을 해 진실이 드러났고, 그는 무죄로 판명 나 석방이 되었다.

그가 잘못한 것이라곤 결정을 미룬 것뿐이었다. 우유부단하게 그 자리에서 바로 판단하지 못한 게 억울하게 실형을 살게 되는 결과로 이어졌다. 돈으로 짐작되는 007 가방을 받았다면 즉시 거부해야 했다. 아무 생각 없이 가방을 받았더라도 그 안에 돈다발이 있다는 걸 알았다면 그 즉시 돈을 반납해야 했지만, 그는 금요일 저녁부터 월요일 아침까지 차 트렁크에 가방을 실어둔 채 주말을 흘려보내고 말았다. 수천억 원의 돈을 운용하는 펀드매니저로서 투자 의사결정은 전광석화 같이 내렸으나, 엉뚱한 일에는 결단을 내리지 못하고 우물쭈물하다가 당한 개인적인 대참사였다.

법조인 친구들에게 물어보니 금품은 받은 그 시점부터 범죄가 성립해서 시간이 갈수록 그 죄가 무거워진다고 한다. 상식적으로 24시간 이내에 반환을 한 경우라면 돈을 받을 의사가 없는 것으로 간주할 수 있지만, 그 이상의 시간이 지나면 나중에 돌려줬다고 해도 처벌을 피하기 어려울 수 있다는 것이다.

결정을 미룬 잘못으로 엄청난 일을 당한 그였지만, 이내 과거의 잘못과 트라우마를 잘 극복하고 지금도 펀드매니저로 왕성한 활동을 하고 있다. 그리고 그의 사례는 나를 비롯한 주변 사람들에게도 큰 영향을 미쳤다. 결정을 하지 않는 것이 제일 위험하며 잘못은 재빨리 바로잡아야 한다는 교훈을 준 것이다.

사실 이런 큰일이 아니더라도 모든 결정에는 적기가 있다. 업무 영역에서도 사적인 영역에서도 결정을 미룰수록 상황이 악화되는 경우가 많다. 바둑에서도 '장고 끝에 악수'라는 말이 있다. 그러니 이처럼 결정을 미루는 우를 범하지 않기를 바란다. 조직에서도 최악의 리더는 의사결정을 내리지 못하고 마지막 순간까지 미루는 사람이다. 본인은 더 많은 정보로 신중하게 판단해서 결정한다고 변명하지만, 그러는 사이 문제는 점점 더 커진다.

결정을 어려워하는 것을 햄릿증후군이라고 한다. 셰익스피어의 4대 비극 중 하나인 『햄릿』에서 따온 말이다. "사느냐 죽느냐 그것이 문제로다"라는 말로 대표되는 그의 우유부단함은 결국 그의 운명을 비극으로 이끈다. 문제는 현대인들에게 이 증상이 더 심각하다는 것인데, 넘쳐나는 정보가 오히려 결정에 방해가 되는 경우가 더 많기 때문이다. 물건 하나를 살 때만 해도 온갖 정보에 휩싸여 있으면 뭐가 최선의 선택인지 판단하기 어렵다. 그러니 불안감이 밀려오고, 올바른 결정을 내리지 못할까 봐 겁이 난다. 완벽한 결정을 내려야 한다는 압박과 두려움이 햄릿증후군으로 이어지는 것이다.

하지만 신중함으로 위장된 우유부단함은 무능의 증거일

뿐이다. 빠른 결정에서 오는 리스크보다 결정을 미루는 데서 오는 리스크가 훨씬 더 크다. "결단을 내리지 않는 것이야말로 가장 큰 해악이다"라고 말한 데카르트의 가르침을 기억하자.

인간관계의 법칙

앙투안 드 생텍쥐페리 Antoine Marie Roger De Saint Exupery

"세상에서 가장 어려운 일은 사람이 사람의 마음을 얻는 일이란다. 각각의 얼굴만큼 다양한 각양각색의 마음을. 짧은 순간에도 수만 가지의 생각이 떠오르는데, 그 바람 같은 마음을 머물게 한다는 건, 정말 어려운 것이란다."

친밀감을 만드는
사소한 행동

인간관계만큼 인생에서 중요한 것도 없다. 중요한 만큼 어렵기도 하다. 심리학자 알프레트 아들러는 "삶의 모든 고민은 인간관계에서 온다"라는 말까지 남겼다.

하지만 요즘은 어렵다는 이유로 인간관계를 아예 포기하고 사는 사람도 많은 것 같다. 친구 따위 필요 없다고 노력조차 하지 않는 것이다. 특히 새로운 관계를 만드는 것을 겁내는 사람이 많다.

어른이 되면 학교 다닐 때처럼 같은 반 친구도 짝꿍도 없다. 많은 사람이 일로 얽혀 있거나 경쟁 관계에 있어 마음을 쉽게 내주지 못한다. 그 결과 늘 외롭고 공허하다고 느끼고, 낯선 사람과 대화하는 걸 어색해하며, 여러 번 만나도 상대와의 거리감을 좁히지 못한다.

기존의 익숙한 사람들과 좋은 관계를 유지하기만 해도 다행인데, 사실 이조차 쉽지 않다. 인간관계는 늘 변하기 때문이다. 평생 갈 것 같던 학창 시절 친구들 중 지금도 연락하는 사람이 얼마나 되는지 꼽아보자. 새로운 사람을 만나지 않으면 인간관계는 계속 좁아질 수밖에 없다. 그러니 관계의 변화를 받아들이고 새로운 사람을 만나야 한다. 관계가 어렵다고 자꾸 피하면 점점 더 어려워진다. 자꾸 부딪치며 깨지고 넘어져야 관계에 대해서도 배울 수 있으니, 한두 번의 만남이 잘 풀리지 않는다고 너무 실망하거나 좌절할 필요는 없다.

관계가 어려운 건 나뿐만이 아니다. 상대도 마찬가지다. 서로 탐색하며 좋은 관계를 만들고 싶어하기 때문이다. 한 발짝만 물러서서 보면 이 역시 별거 아니다. 내가 상대방이 좋아할 만한 특별한 사람이 아니라고 걱정할 필요는 없다. 그저 상대를 존중해주고 호의적인 태도를 지니면 된다. 누구나 노력하면 그런 사람이 될 수 있다.

그럼 조금 더 구체적으로, 인간관계에 도움이 되는 네 가지 팁을 소개하겠다. 관계에 서툰 사람이라면 이 정도만 알아두더라도 큰 힘이 될 것이다.

첫째, 가벼운 질문을 하되 좋은 질문만 하자.

공적인 자리라 해도 만나자마자 본론만 이야기하는 사람은 부담스럽다. 아이스 브레이킹을 할 수 있는 가벼운 질문으로 대화를 유도해보자. 이때 상대방이 답하기 곤란한 질문이나 지나치게 사적인 질문은 삼가는 것이 좋다. 상대방이 "예"나 "아니오"라는 단답형으로 답할 수밖에 없는 질문도 피하자. 단답형 대답만 계속 이어지는 질문은 그야말로 최악이다.

반면 좋은 질문은 상대방이 잘 알고 있는 것에 관한 질문이다. 상대의 관심사에 대한 질문을 하면 상대가 즐겁게 답할 수 있으니, 그 뒤의 대화는 편하게 이어나가면 된다.

둘째, 상대의 변화를 눈치채고 자연스럽게 언급하자.

주의를 기울이면 단순한 외모 변화뿐 아니라 말투나 행동의 변화도 알아차릴 수 있다. 물론 눈치 없이 "오늘 얼굴이 피곤해 보이네요"라고 말하는 사람은 없길 바란다. 이 변화란 "요즘 운동하시나 봐요. 더 건강해 보여요", "헤어스타일 바꾸신 거 잘 어울려요"와 같이 긍정적인 변화를 이야기한다. 좋은 변화가 보인다면 진심을 담아서 축하해주자.

몇 번 만난 사이라면 "지난번 휴가는 잘 다녀오셨나요?"와 같이 이전에 만났을 때 나누었던 대화를 생각해내 대화의 연속성을 이어가는 인사말을 건네면 좋다. 처음에는 어렵게 느껴져도 조금씩 노력하다 보면 이 정도 스킬이야 자연스레 몸에 밴다.

셋째, 어색한 관계라도 스몰토크에 익숙해지자.

날씨 이야기처럼 특별할 것 없는 가벼운 소재의 대화를 스몰토크라고 한다. 간단한 대화 기술이지만 익숙하지 않은 사람들은 낯선 관계에서의 스몰토크를 어려워한다. 하지만 가벼운 질문 하나만으로 분위기는 금세 편해진다. 대화가 스스로 문을 열고 길을 찾는다.

먼저 말을 거는 것이 어색하겠지만, 체면이 깎이는 일은 아니라는 걸 명심하자. 때와 장소만 적절하다면 상대에 대한 배려일 수 있다. 그리고 가능하면 간결한 언어와 상대방이 이해하기 쉬운 단어로 소통하자. 쓸데없이 무게 잡을 이유가 없다. 진솔하게 마음을 열고 스몰토크를 이어나간다면 처음 만난 사람과도 편하게 대화가 오갈 수 있다. 그렇게 마음 맞는 사이라는 것이 확인되면 각자의 관심사나 생각 등에 대해 조금 더 깊은 대화를 나누는 것도 가능해진다.

넷째, 아무 목적 없이 연락하자.

오랜만에 옛 동창이 연락 오면 대부분 '오랜만'이라는 인사 뒤에 각종 영업 멘트가 뒤따라온다. 반가운 마음이 들다가도 브리태니커 백과사전, 정수기, 각종 보험 상품 권유로 끝이 나니 김이 빠지기 일쑤다. 연락하지 않은 지 한참 된 지인이 갑자기 모바일 청첩장을 보내는 것도 마찬가지다. 급한 마음에 연락했겠지만, 대부분은 이런 연락을 받으면 부탁을 들어주기는커녕 관계 정리의 계기로 삼는다.

목적 없이 연락을 주고받아야 친한 사이라 할 수 있다. 반대로 이야기하면 목적 없이 연락을 주고받다 보면 상대는 '이 사람과 내가 친하구나'라고 생각하게 된다는 뜻이다.

그러니 평소에 아무런 목적이 없을 때 연락해야 한다. 목적 없는 연락은 힘이 세다.

타인의 신뢰를
얻는 방법

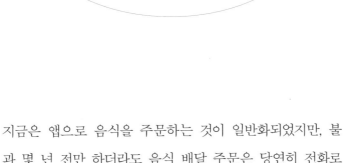

지금은 앱으로 음식을 주문하는 것이 일반화되었지만, 불과 몇 년 전만 하더라도 음식 배달 주문은 당연히 전화로 했다. 주문을 한 후 한참을 기다려도 배달 음식이 오지 않으면, 독촉 겸 확인 전화를 하는데 대부분 돌아오는 답은 '금방'이다. 그 말을 믿고 또 기다렸는데도 한참 동안 오지 않으면 다시 전화를 건다. 그러면 이번에는 '방금' 출발했다고 한다. 배가 고프니 더 짜증이 난다.

금방, 방금 같은 말은 사회생활을 할 때 가장 경계해야 하는 말이다. 사람마다 생각하는 금방과 방금이 다르기 때문이다. 순간을 모면하기 위한 임기응변식 답변이라면 더 주의해야 한다. 자신의 답변이 엉터리라는 게 금세 드러날 테니 말이다.

일의 세계에서 의사소통을 할 때는 구체적인 숫자로 말하는 게 좋다. 예를 들어, 중요한 약속에 늦게 생겼다고 치자. 처음 만나는 자리인데 이런 낭패가 없다. 이럴 땐 전화나 문자로 양해를 구해야 하는데, 늦어서 대단히 죄송하다는 사과와 함께 상대가 가늠할 수 있도록 '10분', '20분'과 같이 구체적인 숫자로 말해야 한다. 단, 보수적으로 넉넉한 숫자로 말해줘야 한다. 10분 늦는다고 했다가 20분 늦는 것과, 20분 늦는다고 했다가 10분 늦는 것은 다른 법이다. 상황을 모면하려 축소해서 말하는 건 아무 의미가 없다. 시간을 정확히 알아야 상대도 다른 일을 하는 등 그 시간을 유용하게 쓸 수 있다.

마감 기한이나 수량에 대한 것도 마찬가지다. '가능한 한 빨리', '가능한 한 많이'와 같은 애매모호한 표현은 정확한 의사소통을 가로막는다. 마감 기한과 수량을 정확하게 이야기해야 한다. 숫자로 표현하는 것은 신뢰를 얻고 오해를 줄이는 가장 좋은 방법이다.

거절이 힘들어 모호하게 답변하는 경우도 많다. 일정상 어려운 일이나 무리한 요구는 바로 거절하면 되는데, '생각해보겠다'거나 '가능하면 해보겠다'는 식으로 상대가 얼마든지 긍정적으로 해석할 수 있는 답을 하는 것이다. 정확하게 거절했다면 상대가 다른 사람에게 부탁할 수도 있었을 텐데, 거절이 어렵다고 내가 끌어안고 있으면 일은 아예 진행이 되지 않는다. 그렇게 오랜 시간을 끌다가 거절하면 상대에게 더 큰 타격이 되니 상황만 복잡해진다.

거절이 어렵다면 가능한 범위를 정확하게 이야기하자. 상대가 1~5까지 부탁했다면, 1~2까지만 가능하다고 말하면 된다. 마음이 약해서 어정쩡한 거절을 하면 되레 신뢰를 잃는다. 회피할 필요도 없고 회피해서도 안 되는 문제다.

타인의 신뢰를 얻는 방법을 말할 때 나는 마케팅 분야에서 자주 언급되는 '존 굿맨의 법칙'을 떠올린다. 마케팅 조사 업체 TARP의 사장 존 굿맨은 고객 불만율과 재방문율,

재구매율 사이의 관계를 분석했다. 고객이 한 매장을 아무 문제 없이 이용할 경우 10퍼센트 정도의 재방문율을 보인다. 그러나 불만이 생긴 고객에게 성심성의껏 대응해 문제를 해결하면 65퍼센트가 재방문을 한다는 것이다. 재구매율도 비슷했다. 제품이나 서비스에 불만을 제기하지 않았던 고객의 재구매율은 9퍼센트였지만, 불만을 제기한 후 그 문제가 해결된 고객의 재구매율은 70퍼센트로 나타났다. 문제가 신속하게 해결된 경우에는 재구매율이 82퍼센트까지 올라갔다. 불만이 있는 고객의 문제를 해결해주면 그가 기업이나 매장의 빅팬이 되는 것이다. 브랜드 신뢰도를 만드는 가장 좋은 수단이 애프터서비스인 이유다.

이 법칙은 일상의 다른 영역에서도 통용된다. 처음부터 완벽한 모습을 보이려 노력하기보다는 문제가 생겼을 때 성심껏 대처하고 변화하고자 노력하는 모습에서 신뢰가 형성된다. 모든 사람이 내가 하는 일에 대해 좋게 평가할 수는 없다. 실수할 때도 있고 일이 서툴러 곤경에 처할 때도 있다. 하지만 그렇게 비난당하는 상황이더라도 주눅 들거나 자책할 필요가 없다. 잘못을 만회하기 위해 더욱 노력해 일을 제대로 수습한다면, 그리고 다음에는 더 나은 모습을 보여준다면 더 큰 신뢰를 쌓을 수 있다.

　타인이 어려움을 겪고 있을 때 손을 내미는 것도 마찬가지 의미에서 신뢰를 얻는 행동이다. 좋을 때뿐만 아니라 어려울 때 옆에 있어주는 사람이 더 고맙다. 변함없이 나를 이해하고 도움을 주는 사람과는 신뢰가 쌓일 수밖에 없다.

관계의 분산투자

우리는 대부분 어린 시절, 소중한 사람 한 명만 크게 보이던 때를 통과한다. 사랑하는 연인이든 단짝 친구든 그 사람과의 관계가 너무 중요해 다른 사람은 눈에 잘 들어오지 않는다. 그런데 어떤 일을 계기로 둘의 사이가 나빠지면? 그러다 영영 안 보는 사이가 되면? 그제야 우리는 내 주변에 아무도 없음을 깨닫고 깊은 고립감을 느낀다. 관계에도 분산투자가 필요한 이유다.

내가 원했든 원하지 않았든 우리는 이런 경험을 하며 나이를 먹는다. 그리고 다시는 그런 실수를 반복하지 않겠다고 다짐한다. 그런데 그게 쉽지만은 않은 것 같다. 살다 보면 여러 모임이 생기는데 한 모임에 너무 몰두하면 꼭 상처받을 일이 생긴다. 역시 너무 자주 만나는 건 좋지 않은 걸까. 절친한 친구와 룸메이트가 되었다가 우정의 종지부를 찍게 되는 것처럼, 가까워지면 서로의 좋은 면만 볼 수가 없다. 마음을 쏟는 만큼 상대에 대한 기대도 커지고 그러다 보면 실망할 일도 많다. 하나의 관계에 집착하게 되면 언제나 균형을 잃기 쉽다.

그러니 단 한 사람, 혹은 단 하나의 모임에 집착하기보다는 다양한 분야에서 다양한 모임을 갖고 다양한 사람을 만나는 게 좋다. 비슷한 사람과만 어울리다 보면 시야가 좁아진다. 정보 교환 모임, 공부 모임, 취미 모임, 종교 모임 등 각양각색의 모임 중에 자기 계발과 같이 머리와 열정을 충전하는 모임에 나간다면, 몸과 마음을 비울 모임에도 함께 나가기를 권한다. 가벼운 마음으로 여러 분야의 모임에 나가다 보면 생각지 못한 깨달음을 얻을 수 있을지 모른다.

그러니 갈까 말까 망설여지는 모임이 있을 때는 일단 한 번 가보자. 직접 참여해보기도 전에 다른 사람의 이야기만 듣고 아예 경험할 기회조차 갖지 않는다면 나중에 후회할 수 있다.

내가 가장 추천하고 싶은 모임은 같은 취미를 지닌 사람들과의 모임이다. 아주 간혹 불순한 의도를 갖고 취미 모임에 나오는 사람도 있지만, 대부분은 순수하게 그 취미가 좋아서 나온다. 자신과 비슷한 취미나 라이프스타일을 가진 사람을 만나면 공감도 쉽게 이루어진다. 익숙하지 않다면 모임에 참석하는 것 자체가 부담스럽게 느껴질 수 있지만, 서로 돕고 위안받으며 기쁠 때 웃어주는 친구는 다 이런 모임에서 생긴다.

다만 한두 번 참가해본 모임이 본인하고 잘 맞지 않거나 소모적이라고 느껴진다면 과감히 정리하는 게 좋다. 다른 모임을 찾아봐도 괜찮고, 아니면 아예 본인이 직접 모임을 만들어보는 것도 좋다.

친밀하고 강한 유대만을 가치 있는 관계라 여기는 사람이 많다. 하지만 가벼운 유대 관계도 삶의 활력소가 되어준다. 게다가 때론 강한 유대보다 더 많은 도움을 주기도 한다. 실제로 미국 사회학자 마크 그래노베터 교수는 300여 명을 대상으로 직업을 구하는 데 영향을 미치는 사람에 대해 조사했는데, 강한 유대 관계보다 약한 유대 관계에서 더 중요한 정보를 얻었다는 걸 발견했다.

왜 그럴까? 강한 유대 관계에서는 서로 알고 있는 정보가 거의 비슷하다. 이른바 정보의 중복성이 나타난다. 반면 약한 유대 관계에서는 새로운 정보를 많이 얻을 수 있기에 사회적 기회도 증가한다. 정서적 차원의 도움은 강한 유대에서 더 크게 받을 수 있지만, 사회적 기회 측면의 도움은 약한 유대에서 더 크게 받을 수 있는 것이다.

나 역시 40년 가까이 직장 생활을 해오며 몇 차례 이직을 했지만, 내가 직접 이력서를 제출한 적은 거의 없었다. 누군가에게 추천을 받았다며 연락이 왔는데, 신기하게도 나를 추천해준 사람은 가까운 사람이 아니라 직장에서 인사만 주고받은 동료일 때가 많았다. 사실 가까운 사람은 오히려 추천을 하는 게 조심스럽다. 친분 때문에 추천을 해주었다는 오해를 사기도 쉽다. 게다가 추천한 사람과 조직 사

157

3장. 인간관계의 법칙

이에 문제라도 생겼다간 괜한 원망을 듣기도 한다.

그래서 행운은 의외로 가볍게 알고 지내는 관계에서 올 때가 많다. 가벼운 관계야말로 서로 크게 기대하지도 않고 사적으로 긴밀하지도 않으니 부담이 없다. 복잡하게 이것 저것 고려하지 않고 순수하게 제안하고 승낙하거나 거절할 수 있다. 오히려 더 산뜻할 수 있는 게 가벼운 관계이므로, 이를 불필요하다 여기는 대신 마음을 열고 기분 좋게 다가가보자. 당신에게 큰 행운이 되어줄 귀한 인연은 그들 사이에 숨어 있을지 모른다.

서운한 감정과
질투심 다스리기

한 후배가 사업을 시작한 초기에 급한 자금 문제에 부딪혔다. 그때 주변의 친한 친구들에게 돈을 빌려달라고 했지만 친구 사이에 돈 거래를 할 수 없다는 이야기와 함께 모두에게 거절당했다. 다행히 얼마 후 자금 문제는 해결됐지만, 그때 거절당한 서운한 감정은 쉽게 사라지지 않는다고 했다. 자신이었다면 빌려줬을 텐데 빌려주지 않은 친구들이 치사하고 원망스럽다며, 인간관계에 회한이 든다는 것이다. 그렇게 그 후배는 친한 친구를 모두 잃었다.

　살다 보면 가까운 사람들에게 서운한 감정을 느낄 때가 있다. 아니, 사실 가깝지 않은 사람에겐 서운한 감정 자체가 생길 리 없다. 내가 상대를 생각하는 만큼 상대가 나를 생각하지 않는 것 같을 때 서운한 감정이 생긴다.

　서운한 마음이 들면 상대가 알까? 물론이다. 하지만 안타깝게도 직접 말하지 않고 혼자 토라져서 냉랭하게 구는 사람에게 먼저 이유를 알아차리고 서운함을 달래줄 사람은 많지 않다. 연인도 아니고 엄마도 아니지 않나? 난처하기도 하고 냉랭하게 구는 상대에게 오히려 서운한 마음이 들기도 한다. 이런 시간이 지속되면 관계는 시험대에 올라간다. 그리고 일단 시험대에 올라가면 바로잡는 데 제법 시간이 걸리며 잘못하면 영영 돌아오지 않을 수도 있다.

　후배는 우정의 척도를 '돈을 빌려주는 것'으로 삼았다. 하지만 돈을 빌려주는 건 우정의 깊이에 관한 문제라기보다는 그 사람의 성향과 신념의 문제에 가깝다. 그의 우정은 이미 다른 방식으로 충분히 표현되었을 것이며, 그걸 너무 당연하게 받아들여서 내가 잊고 살아가고 있을 가능성이 높다. 그런데 돈을 빌려주지 않는다는 이유로 상대의 우정이 나의 우정보다 가볍다고 여기며 관계에 담을 쌓으면 결국 남겨지는 건 나 혼자뿐이다. 서운한 마음을 오래 간직하면 결국 자신만 외로워지는 것이다.

차라리 친구에게 가볍게 이야기하고 털어버리거나, 그게 어렵다면 상대에게도 사정이 있었을 거라 여기며 넘기는 게 좋다. 상대 역시 내게 서운했던 순간이 있었을지 모르고 그럼에도 나를 이해해주고 있을지 모를 일이다. 그냥 대수롭지 않게 여기고 시간을 흘러보내다 보면 아마 대부분의 서운한 마음은 풀릴 것이다.

쉽지 않더라도 타인에 대한 기대를 낮추자. 인간관계를 회의적으로 보라는 말이 아니다. 기대가 낮아지면 상대가 베푸는 작은 호의나 도움에도 크게 기뻐하고 감사할 수 있다. 그리고 자세히 들여다보면 우리는 정말 많은 도움을 받으면서 살고 있다는 사실을 깨닫게 될 것이다. 그러면 서운한 마음이 생길 리 없다.

서운한 감정과 더불어 가까운 관계일수록 더 잘 생기는 부정적인 감정이 있는데 바로 질투심이다. 친구란 기쁠 때 같이 기뻐하고, 슬플 때 같이 슬퍼하는 존재라고 한다. 그런데 의외로 사촌이 땅을 사면 배가 아프다고, 친구가 기쁠 때 같이 기뻐하지 못하는 경우가 많다. 인간의 본성이 그럴 수 있으니 속으로 질투가 나는 건 어쩔 수 없는 일이라 해도, 최소한 겉으로는 표정 관리를 하면서 친구를 축하하고 응원해줘야 한다.

최악은 친구의 성공을 노골적으로 깎아내리거나 은근슬쩍 모른 척하는 것이다. 하지만 한 걸음만 떨어져 생각해보면 결국 배가 아픈 나만 손해다. 성공한 남을 비꼬아서 내가 얻을 수 있는 게 뭐가 있겠는가? 못나지는 건 나 자신일 뿐이다. 그보다는 축하한다는 말로 상대와 기쁨을 함께하는 것이 정신적으로 훨씬 풍요롭고, 집으로 돌아가면서도 마음이 가볍다. 남한테 배 아파하고, 또 그걸 겉으로 드러내는 순간 집에 가서도 마음이 불편하다.

왜 이런 불편함을 스스로 자초하는가? 이건 마치 스스로 방아쇠를 어둠 쪽으로 당겨 고통을 자초하는 꼴이다. 지금 내가 정신적으로 충분히 성숙하지 못하다고 자포자기할 필요는 없다. 마음도 연습이 필요하다. 우선 지금 내가 질투

하고 있는 것을 알아차리는 데서 시작하자. 내 마음을 알아차리기만 해도 많은 것이 바뀔 수 있다. 그렇게 내 마음속 질투심을 알아차리면 의식적으로 노력할 수 있다. 사촌이 땅을 사든 강남의 아파트를 사든 배 아파하지 않고 축하하는 연습을 하는 것이다.

타인의 성공에 함께 기뻐하면, 그들도 당신의 성공에 함께 기뻐해줄 것이다. 당신의 성공에 진심으로 기뻐해줄 사람이 없는 것보다 더 공허한 일이 또 뭐가 있겠는가.

요즘은 혼자 잘 먹고 잘 살고 싶어하는 사람이 많다지만, 실제로 누군가에게 "너 혼자 잘 먹고 잘 살아라"라는 이야기를 듣는다면 과연 그게 응원이나 축복으로 들릴까? 당연히 욕으로 들릴 것이다.

우리는 본능적으로 '혼자'서는 잘 먹고 잘 살아도 행복할 수 없음을 알고 있다. 아무도 없는 무인도에서 좋은 음식과 고급 와인을 마시면 좋을까? 한동안은 자기만족에 즐거울 수 있지만 오래갈 수는 없다. SNS야말로 남들이 봐주길 바라는 인간의 심리를 이용한 성공작이 아니던가? 아무도 봐주지 않는 곳에서는 만족감도 없다. 그러니 서운함과 질투

심을 버리고 함께 기뻐하는 법을 배우자. 그게 결국 나 자
신을 위하는 길이다.

혼자 판단하지 마라

당연한 말이지만 신입 사원 시절에는 상사가 많다. 대리님
도 있고 과장님도 있고, 팀장님, 사장님도 있다. 과장님이
지시한 일을 열심히 하고 있으면, 갑자기 팀장님이 또 다른
업무를 시킨다. 이럴 때가 가장 난처하다. 바빠서 못한다고
거절해야 하나? 내 마음대로 우선순위를 판단해서 일을 진
행해도 될까? 아니면 계급이 깡패니 높은 사람이 시킨 일
부터 하는 게 좋을까?

사실 이런 고민에 대한 답은 정해져 있다. 그냥 물어보면 된다. 바로 위 상사나 팀장에게 현재 두 가지 업무 지시가 동시에 떨어졌다고 설명하고, 둘 중에 무슨 일부터 해야 하는지 물어보는 것이다. 팀장이라면 업무에 대한 전반적인 이해가 나보다 높을 테니, 그의 조율을 따르면 된다. 그러면 우선순위부터 일정까지 고민하던 바가 말끔히 정리된다.

그런데 사람들은 의외로 이 간단한 해결책을 어려워한다. 하기야, 어린 시절부터 '스스로 어린이'라는 말을 듣고 자랐으니 다른 사람에게 묻지 않고 스스로 해내야 한다고 여기는지도 모르겠다. 그러나 두 발로 스스로 걷는 것과 올바른 방향으로 가는 것은 완전히 다른 문제다. 스스로 해내겠다며 열심히 걸어서 전혀 다른 목적지로 향한다면 가까운 길도 멀리 돌아가는 상황이 될 수 있다. 자율성의 문제가 아니라, 커뮤니케이션의 문제인 것이다.

비슷한 맥락에서 중간보고도 매우 중요하다. 처음 업무 지시를 받을 때와 시간이 좀 지난 다음에는 회사 내외부의 환경이나 상황이 바뀌어 방향 전환이 필요한 경우가 제법 많다. 그런데 중간보고 없이 무작정 일을 진행하면 어떻게 될까? 처음부터 다시 하라는 낭패를 보기 쉽고, 왜 이랬다 저랬다 하냐며 상사를 원망하게 되기 일쑤다.

이런 변화가 없더라도 중간보고는 필수다. 사실 말하는 사람과 듣는 사람의 커뮤니케이션이 정확하게 이뤄지지 않을 때가 많다. 서로 다르게 이해하고 있는 게 아닌지, 지금 내가 가고자 하는 방향이 맞는지 확인하기 위해서는 중간보고가 꼭 필요하다. 그러면 혹 엉뚱한 방향으로 일을 진행하고 있더라도 중간에 바로잡을 수 있다. 이건 어려운 기술이 아니다. 처음부터 끝까지 스스로 완벽하게 해내겠다는 고집만 버리면 된다. 혼자 판단하지 말고 그냥 물어보면 수많은 문제가 아주 쉽게 해결되는 법이다.

눈치 빠른 사람이라면 알아차렸겠지만, 여기에서 말하는 질문이나 중간보고는 남에게만 의지하는 꼭두각시가 되라는 소리가 아니다. 중요한 건 '정확한' 커뮤니케이션이다. 자신이 나아가는 방향에 대해 반드시 확인의 과정을 거치라는 말이다. 다른 사람과의 주파수는 이런 긴밀한 소통과 피드백을 통해 맞춰진다. 당연히 공동의 목표를 달성하는 데도 큰 도움이 된다.

예전 한 직장에서 귀찮을 정도로 피드백을 자주 요구한 직원이 있었다. 여러 프로젝트를 진행하는 관리자 입장에서도 자꾸 피드백을 요구받으면, 자연스럽게 그 프로젝트에 더 신경 쓰게 된다. 그러면 그 일을 더욱 꼼꼼하게 점검하게 되니 그 직원의 성과 역시 더 좋게 나올 수밖에 없다.

직장 생활에 관해 말했지만 사실 이건 모든 관계에 해당하는 이야기다. 한 후배의 친구가 예비 신부에게 깜짝 선물을 한다며, 묻지도 않은 채 덜컥 경기도 외곽에 땅을 사서는 예쁜 집을 짓고 살자고 했다. 예비 신부의 폭풍 감동을 기대했겠지만, 그녀는 굳어진 얼굴로 부동산 계약 문서를 바라볼 뿐이었다. 외곽의 전원주택에서 살고 싶은 로망은 어디까지나 그 혼자만의 생각이었다. 기쁨의 서프라이즈가 아닌, 황당함의 서프라이즈가 된 것이다.

상대의 취향과 필요한 것 등을 잘 기억하는 섬세한 사람이 아니라면 서프라이즈 선물은 삼가야 한다. 상대의 의견은 묻지도 않은 채 자기 혼자 판단해서 모든 걸 다 해놓고, 상대가 기뻐하길 바라는 건 일종의 강요에 불과하기 때문이다. '얼마나 노력하느냐'도 중요하지만, 그보다 더 중요한 건 상대가 원하는 것을 위해 노력하고 있는지 여부다. 상대가 정말 바라는 건 서프라이즈 선물이 아니라 자신의 의견에 귀를 기울이는 마음이다.

오롯이 내 문제인 것도 마찬가지다. 최종 판단은 당연히 내가 해야겠지만, 그렇다고 혼자 생각하고 판단할 필요는 없다. 중요한 선택을 할 때는 적어도 두세 명의 의견은 구하는 게 좋다. 자신이 믿는 멘토부터 완전히 다른 관점에서 의견을 제시해줄 사람까지 다양한 의견을 들으면 더 현명한 답을 찾을 수 있다. 의견을 구하기 어려운 상황이나 여건이라면 책을 읽어봐도 좋다. 실용적인 팁부터 깊은 지혜의 말까지 생각지도 못한 훌륭한 답이 책 속에 있을지 모른다.

이 복잡하고 변화가 빠른 세상에서 무엇이든 내 생각이 옳다고 믿고 행동하는 것은 무모하다. 그러니 주변 사람들에게 자꾸 물어보자. 다른 사람의 지혜를 빌리고 책에서 답을 찾자. 결국 판단은 내가 하는 거지만, 그렇게 의견을 다양하게 구한 후에 내가 내리는 판단은 훨씬 더 현명할 것이다. 나 혼자 생각해서는 절대 나올 수 없는 의외로 쉬운 답이 당신을 기다리고 있을지 모르니 말이다.

당신 주변엔
멘토가 있는가?

신입 사원 시절 입사 환영회에서 심하게 과음을 한 적이 있다. 다들 그렇게 늦게까지 술을 마셨으니 출근도 늦으리라 생각했는데, 아뿔싸 나 혼자만 지각을 한 게 아닌가. 그때 상사에게 혼쭐이 난 기억은 지금도 생생하다. 눈물이 찔끔 날 정도로 혼이 나서 서럽기도 하고 부끄럽기도 했다. 하지만 그 뒤론 평생 지각이나 약속 시각에 늦는 일이 거의 없었다. 아마 그 당시 상사가 너그럽게 "신입 사원인데 뭐 그럴 수 있지"라며 무심코 그 자리를 모면하게 해주었다면 시간관념을 바로 세우기 어려웠을 것이다.

나이가 들수록 충고를 들을 일이 많지 않다. 윗사람에게 충고하기란 쉽지 않을 뿐더러 대부분의 사람은 굳이 충고하는 사람의 역할을 떠맡고 싶어하지도 않는다. 나의 잘못된 행동에도 아무런 충고를 듣지 못하면 스스로 그 행동을 바로잡기란 거의 불가능하다. 사소한 문제라 여기고 그냥 넘어가는 것은 그 문제가 심각하게 터져 나올 때까지 계속 곪아가도록 내버려두는 셈이다.

그러니 내게 충고를 해주는 사람이 있다면 감사하게 여기고 그의 말을 귀한 자산으로 삼아야 한다. 원래 몸에 좋은 약은 입에 쓰지 않은가. 때론 눈을 질끈 감고 쓴소리를 삼킬 수 있어야 한다. 듣는 순간에는 발끈할 수도 있고 억울하게 느껴질 수도 있겠지만, 시간을 두고 생각해보면 나를 되돌아보게 하는 귀한 말임을 깨닫게 될 것이다.

나는 나에게 좋은 충고를 많이 해주었던 그 상사를 지금까지도 멘토로 여기며 관계를 이어오고 있다. 멘토라는 단어는 호메로스의 대서사시 「오디세이」에 나오는 오디세우스의 친구 멘토르^{Mentor}에서 유래했다. 오디세우스는 트로이전쟁에 출정하면서 아들 텔레마코스의 교육을 자신의 친구인 멘토르에게 맡겼다. 멘토르는 오디세우스가 20년 가까이 귀향하지 않는 동안 친구이자 선생, 상담자, 때로는 아버지가 되어 텔레마코스를 잘 돌봐주었다. 이후 그의 이름은 인생을 이끌어주는 지도자란 뜻으로 쓰이게 되었다.

 TV에 나오는 유명한 사람을 멘토로 여기는 사람도 있지만 내 경우엔 가까이 있던 선배를 멘토로 삼을 때가 많았다. 오랜 직장 생활을 하는 동안 매 회사에 나만의 멘토를 두었고, 그들과는 지금까지도 인연을 이어오고 있다. 첫 회사의 직속 상사에게는 평생 가슴에 새겨둘 만한 직장인으로서의 기본자세를 배웠고, 이후 다른 회사 상사에게는 리더로서의 자세를 배웠다. 사실 배울 게 있는 사람이라면 직급이나 나이 같은 건 따지지 않았다. 직장 생활과 가정생활을 모두 균형 있게 잘해온 후배를 보며 직장 생활에만 매진했던 나를 돌아보기도 했고, 얼리어답터이자 트렌드에 빠른 후배에겐 최신 기술들에 대해 배우기도 했다. 20대 청년 시절부터 60대를 지나는 지금에 이르기까지 다양한 멘토들의 도움을 받으며 살고 있는 것이다.

당신에겐 멘토가 있는가? 혹 멘토로 여기는 사람이 없다면 내가 오만하지는 않았는지 가만히 한번 돌이켜보자. 어린아이에게도 배울 게 있다고 하는데, 주변에 배울 사람이 아무도 없었다고 투덜대는 건 나의 오만일 수 있다는 얘기다. 샅샅이 다시 살폈음에도 정말로 곁에 배울 사람이 없었다면, 본인이 만나는 사람이 너무 한정돼 있지는 않은지 살펴야 한다. 이럴 때는 주변을 좀 더 넓게 볼 필요가 있다. 대외 활동에 적극적으로 나서고, 지인의 소개를 받는 등 다양한 만남의 기회를 만들어나가자.

당시에는 몰랐지만 세월이 어느 정도 흐른 어느 날 문득 '이분이 나의 멘토였구나!' 하는 깨달음을 얻을 때도 있다. 그럴 때는 그저 생각에 그치지 말고 예의를 갖춰 나 자신이 그를 멘토로 생각하고 있음을 말씀드리고, 앞으로도 많은 지도를 해달라고 정중히 부탁드리자. 그러면 인연은 다시 이어지고, 여러 방면에서 좋은 영향을 받을 수 있다. 상대도 더욱 신중하게 도움이 될 만한 조언을 많이 해주려고 노력할 것이다.

한 가지 덧붙이자면 멘토는 여러 사람이 좋다. 한 사람의 견해만 맹목적으로 따르기보다는 여러 명의 멘토를 두고 조언을 구하자. 사람은 사람을 통해서 배운다. 우리는 결코 저 혼자 잘나서 성장할 수 없다. 산전수전 다 겪은 전문 산악인도 히말라야를 오를 땐 셰르파의 도움을 구하지 않던가. 여러 멘토에게 열린 마음으로 조언을 구하고, 나 또한 누군가의 멘토가 되어 나만의 지혜를 전해주자. 인생은 그렇게 다른 사람과 함께 성장하며 나아가는 것이다.

돈거래가
관계를 망친다

친한 친구에게도 돈은 빌려주지 말라는 말을 많이 들어봤을 것이다. 친구도 잃고 돈도 잃는다고들 한다. 요즘은 많은 사람이 이것을 상식으로 여기는 듯하다. 하지만 여전히 이런 말이 계속 들리는 이유는 그만큼 가까운 사람과의 돈거래로 어려움을 겪는 경우가 많기 때문일 것이다. 그리고 평소에는 당연히 안 빌려줄 거라고 생각하다가도 막상 실제로 그런 순간이 오면 마음이 약해지기 때문이기도 하다. '설마 이 친구가' 하는 마음에, 그리고 그 친구를 많이 아껴서 꼭 도와주고 싶은 마음에 돈을 빌려주는 경우가 생긴다.

내게도 이런 일이 생긴 적이 있다. 예전에 친하게 지내던 선배가 연락이 왔는데, 급해서 그러니 딱 일주일만 몇백만 원을 빌려달라고 했다. 괜찮은 직장에 경제력도 있는 사람이라 설마 하는 마음에 돈을 빌려줬다. 일주일이 지났는데 일주일만 더 기다려달라고 하더니, 결국 아무 소식 없이 반년이 지났다. 시간이 지날수록 오히려 내가 더 연락하기 어려워졌다. 그래도 확인은 해야 해서 연락을 했더니 선배가 "내가 돈을 떼어먹겠냐"라며 화를 내는 바람에 졸지에 내가 나쁜 사람이 됐다. 나중에 알고 보니 나 말고도 여럿에게 그렇게 조금씩 돈을 빌려 주식 투자를 했는데, 그게 실패로 돌아간 모양이었다. 괜찮던 직장도 문을 닫았다고 했다. 자신이 돈을 떼어먹겠냐며 화를 냈던 선배는 결국 내 돈을 떼어먹었다.

불행 중 다행인 건 그나마 내가 빌려준 돈이 몇백만 원이 끝이었다는 사실이다. 한 번 빌려주고 나면 '이번 것만 해결되면 돌려줄 수 있다, 조금만 더 빌려달라'고 하는 경우도 많다. 그렇게 되면 돈을 돌려받아야 한다는 생각에 빌려주는 돈의 단위가 점점 커지고, 되레 상대에게 매달리는 입장이 된다.

빚 보증도 마찬가지다. 집안이 크게 어려워진 사람들의 사연을 들어보면 대부분 가까운 사람과의 금전 거래가 원인일 때가 많다. 빚 보증을 잘못 섰다가 재산을 다 날려버리는 것이다. 애초에 사적인 돈거래는 절대 금하고 보증도 절대 서주지 말아야 한다. 누가 그 말을 모를까 싶지만 막상 부탁을 받으면 마음이 약해지니 평소에 원칙을 잘 세워 둬야 한다. 상대에게 인정머리 없어 보일까 봐, 혹은 관계가 서먹해질까 봐 돈을 빌려주는 건 좋지 않다. 쓸데없는 눈치를 봐봤자 여차하면 돈도 잃고 관계도 잃는다.

단칼에 거절하기 어렵다면 적당히 둘러댈 이유는 얼마든지 만들 수 있다. 결혼 전이라면 부모님 이유를 대고 결혼을 했다면 배우자 이유를 대자. 가족 중에 돈이 급한 사람이 있어 가진 돈을 모두 빌려줬다고 해도 된다. 상대가 마음이 상하지 않도록 노력하며 정중히 거절하자.

이런 부탁을 받으면 '내가 가장 친하고 나를 가장 신뢰하니 나한테 이런 부탁을 했겠지'라고 생각하겠지만, 이미 사돈의 팔촌까지 부탁하고 다 안 돼서 나에게 연락이 왔을 가능성이 더 크다. 누구에게도 쉬운 일이 아니니, 나 혼자 미안해할 필요도 없다.

그러니 마음을 굳게 먹고 거절하자. 친구 사이뿐 아니라 직장 동료, 선후배, 혹은 갑을 관계가 명확한 사이에서는 더더욱 금물이다. 꼭 도와주고 싶은 친구라면, 돌려받지 않아도 되는 액수로만 마음을 표현하자. 그게 돈과 관계를 모두 지키는 최선의 방법이다.

어른의 재미

섣불리
적을 만들지 마라

직장에서 껄끄러운 관계로 고민하는 사람이 많다. 일반적으로 교감이 잘 되는 호감 그룹은 전체의 20퍼센트 정도다. 서로 사무적인 관계인 평범하고 중립적인 그룹이 60퍼센트쯤 된다. 그리고 나머지 20퍼센트가 비호감 그룹이다. 직장 내 인간관계에서 가장 어려운 부분은 바로 이런 20퍼센트에 해당하는 비호감 그룹과의 관계 설정일 때가 많다. 다시 말해 이들과의 관계만 잘 풀어가면 직장 생활은 확실히 더 편해진다.

그런데 내가 상대방에 대해 좋지 않은 감정을 품고 있으면 설령 밖으로 표출하지 않는다 하더라도 대개의 경우 상대방도 알아차린다. 표정이나 말투 등 태도에서 티가 나기 때문이다. 물론 껄끄러운 사람들과는 물리적으로 최대한 안 마주치는 게 좋다. 너무 가까이에서 자주 보지 않게 '적당한 거리'를 두는 것이다. 그렇다고 의도적으로 너무 멀리하거나 배척하면 적대적인 감정이 전달될 수 있으니 조심해야 한다. 어디까지나 '적당한 거리'가 필요한 것이다.

비호감인 사람이 있더라도 그를 적으로 만들 필요는 없다. 괜한 음해성 발언을 듣거나 해코지를 당할 수도 있다. 한 명이 작정하고 적이 되면 열 친구도 감당하기 어렵다. 그러니 비호감인 사람일수록 마주칠 때 더 정중하게 대하며 조심해야 한다. 상대방도 비슷한 느낌을 받고 있기 때문에 의식적으로 서로 조심하게 될 것이다. 특히 이미 사이가 멀어졌다면 적당한 거리를 두고 더 나빠지지 않도록 노력하는 게 좋다.

나 자신의 정신 건강을 위해서도 상대를 너무 미워하진

말자. 서로 안 보고 살 수 없는 상대에 대한 부정적인 감정은 내게도 큰 스트레스다. 마음속으로 거리를 두고 평범한 관계를 유지하는 지혜가 필요하다. 가는 말이 고와야 오는 말이 곱다는 말은 감정의 영역에서도 마찬가지다. 내가 상대를 비호감이라 여기면 상대도 나를 그렇게 생각하는 게 당연하다. 결국 내가 누군가를 미워하면 그 미움은 나에게 돌아온다. 그러니 적을 만드는 건 신중해야 한다.

회사에서 적을 만드는 가장 쉬운 방법이 있다. 사람들 앞에서 잘못을 지적해 창피를 주는 것이다. 물론 상대의 잘못을 지적해야 할 때도 있지만, 그게 어떤 잘못이든 다른 사람 앞이어서는 안 된다. 단체 대화방이나 여러 사람이 모여 있는 회의실 등은 특히 조심해야 한다. 핀잔을 듣는 당사자에게 수치심과 모욕감을 주는 건 당연하고, 아무 잘못 없이 듣고 있는 다른 사람들까지 불편해진다.

그러니 잘못은 둘이 있을 때 아무도 듣지 않는 곳에서 차분하게 지적해야 한다. 반대로 칭찬할 때는 많은 사람들 앞에서 해도 좋다. 특히 구체적인 사실을 꼭 집어서 과하지 않게 칭찬하면 상대도 진심으로 고마워할 것이다.

반면 내가 누군가를 미워하지 않아도 주변에서 자꾸 그렇게 몰고 갈 때가 있다. 예를 들어 어떤 상사나 친구가 누군가의 험담을 하며 편을 가르려는 듯한 모습을 자주 보이면 그 사람과도 거리를 두는 게 좋다. 소위 말해서 줄 세우기를 좋아하는 타입은 장기적으로 보면 내 커리어에 전혀 도움이 되지 않는다.

내 편에 서길 바라는 리더의 요구에 응해 그의 라인이 되어버리면 자연스레 다른 편 사람들과는 적이 되고 자신의 의사와는 상관없이 사실상 그와 운명을 함께하게 되기 때문이다. 그 상사가 중간에 그만두면 나머지는 줄줄이 불이익을 당하기도 한다. 줄서기 문화가 한국 조직 내에서 어쩔 수 없는 거라고 하지만, 노골적으로 특정 인맥을 강조하는 문화는 뒤끝이 좋지 않다.

험담하기 좋아하고 남을 쉽게 배척하는 사람이라면 나에게 아무리 잘해준다 해도 가깝게 지내지 않는 편이 좋다. 한비자가 즐겨 사용했던 맹구지환猛狗之患이라는 말이 있다. 중국 송나라에 술장사를 하는 사람이 있었는데 인심도 좋고 친절하게 장사를 잘했다. 그런데 그 집에 있던 개가 늘

사납게 짖어대고 위협을 하니 손님이 줄어 문을 닫게 되었다고 한다.

내가 아무리 그러지 않으려고 해도, 주변에서 자신의 기득권을 지키려 시기하고 배척하는 사람이 있으면 나에게도 그 피해가 돌아온다. 한 명의 아군을 얻는 대신 수십 명을 적으로 돌리는 꼴이 될 수도 있다. 어쩌면 이게 가장 어려운 관계의 기술일 수도 있겠다.

혼자만 즐거운
이야기는 금물

일본에서 유학하던 시절 별것 아니지만 내심 궁금한 게 하나 있었다. 내가 어설픈 일본어로 대화를 시도하면 상대방은 내가 일본인이 아니라는 것을 분명 알아차릴 텐데, 나에게 어느 나라 사람인지 묻는 경우가 거의 없었다. 일본인이 내게 어디에서 왔냐고 물어보면, 대한민국에서 왔다고 답하고 88올림픽 자랑도 좀 하려고 했는데 묻질 않으니 괜히 답답한 시절이었다. 나는 최근에야 그 답을 알았다. 한마디로 그들은 그게 안 궁금했던 것이다.

다행인 것은 나도 굳이 먼저 밝히지는 않았다는 것이다. 궁금하지 않아서 묻질 않았으니 내가 말했다 해도 별로 관심도 없었을 것이다. 그런데 다른 사람들이 묻지도 않았는데 스스로 자신의 '스펙'을 밝히는 사람이 있다. 직접적으로 회사명이나 직급 등을 말하지는 않더라도, 은근슬쩍 정황 증거를 알리며 상대가 알아주기를 원하는 것이다. 듣다 못한 상대가 조금 아는 체하며 물으면, 그때부터 술술 자기 이야기가 나온다.

이른바 '라떼 타령'도 그중 하나다. 나 역시 후배들과 이야기하던 중 "나 때는"이라고 시작하는 스토리를 술술 풀어낸 적이 있다. 다른 사람에게도 이미 이야기한 적이 있어서 마치 준비라도 한 듯 막힘 없이 떠들었고, 흥미로운 사례도 곁들였기에 스스로 참 재미있게 말한다고 여기던 차였다. 그런데 정신을 가다듬고 후배들의 표정을 보니 이미 몇 번 들었던 걸 다시 듣는 듯한 표정이었다.

"내가 전에 이야기했나?"라고 물으니 성격 좋은 후배는 아니라고 했지만, 아닌 게 아닌 것 같았다. 그러고는 서둘러 이야기를 마무리했다. 그 뒤로는 늘 조심하려고 노력한다. 한두 번은 애교로 봐준다고 해도, 만날 때마다 라떼 이야기를 늘어놓으면 듣는 상대는 얼마나 피곤하겠는가. 서로 기억을 공유하고 있는 과거 이야기는 얼마든지 해도 괜찮지만, 상대는 궁금하지도 않은 내 과거의 이야기를 하는 건 그냥 눈치 없는 행동이다. 지금 하고 있는 나의 옛 이야기가 나 혼자 즐거운 이야기일 수도 있음을 기억하자.

자랑도 마찬가지다. 늘 자기 자랑만 늘어놓는 사람들은 주변에 사람이 하나둘 없어지고 있다는 걸 느껴야 한다. 극소수의 사람들과 교류하지만 냉정하게 말해 이런 성향을 고수한다면 그 극소수의 그룹도 언제 깨질지 모른다. 주위 사람들에게 밥을 사거나 술을 사며 대장 노릇을 해봐도, 원래 사람은 김밥을 먹더라도 마음이 편한 게 좋은 법이다.

솔직히 고백하자면 나도 잘못된 행동으로 손절당한 적이 있다. 십수 년간 나를 잘 따르던 후배였기에 내게도 엄청난 타격이었다. 금융권 후배인 그는 무척 똑똑하고 일을 잘하는 친구였는데, 술만 들어가면 내게 엄청난 존경심을 표하며 숭배하듯 떠받들어줬다. 나도 처음에는 불편하고 어색했는데, 시간이 지나면서 차츰 그런 분위기를 당연하게 받아들이기 시작했다. 아마 그때부터였을 것이다. 내가 하는 말이 모두 정답인 듯 신나게 떠들어댄 건 말이다. 그 후배 앞에서 나는 온갖 자랑을 마음놓고 해댔다. 그럼에도 그는 요즘 말로 나의 찐팬임을 자처했고, 심지어 우리 둘이 너무 친하게 지내니 주위 친구들한테 시샘 아닌 시샘을 받기도 했다.

그런데 몇 년 전 어느 날부터 연락이 서서히 줄어들다가 언젠가부터 뚝 끊겼다. 내가 먼저 연락을 해봐도 아무런 답이 없었다. 두어 번 더 해봐도 답이 없을 때 깨달았다. 이른바 손절을 당한 것이다. 살면서 처음으로 경험한 손절이었다. 얼핏 들으니 당시 같이 근무하던 다른 동료들과는 여전히 좋은 관계를 유지한다고 했다. 그제야 후배 앞에서 내가 늘어놓았던 자랑들이 너무 부끄럽게 다가왔다. 인생을 잘못 산 것 같다는 자책감도 들었다.

아픈 경험이었지만 그래도 배운 것이 있었다. 그 뒤로는 자랑은 물론이고 내가 너무 많은 말을 하진 않는지도 점검했다. 예를 들어 한자리에 모인 사람이 N명이라면, 대화의 비중은 N분의 1을 넘기지 말아야 한다. 모임의 주인공이 되고 싶은 마음에 다른 사람을 조연으로 만들지 말아야 하는 것이다. 언제까지고 자신의 시간을 들여 조연 역할을 할 사람은 없다. 자기 이야기를 떠드는 대신 남의 이야기를 귀 기울여 듣고 공감의 리액션을 해줄 때 우리는 늘 함께하고 싶은 사람이 될 수 있다.

어떤 자리에서건 가능한 한 간결하게 말하는 게 좋다. 누가 뭔가를 물어주면 옳다구나 하고 장시간 떠들며 아는 체하는 사람이 있다. 자신의 일대기와 각종 지식을 쏟아낸다. 그런데 학창 시절 교장 선생님의 훈화 말씀 중 기억에 남는 게 있는가? 결혼식 주례사는 어떠한가? 스타 강사 뺨치는 뛰어난 언변의 소유자가 아닌 이상 구구절절 길게 이야기하면 아무도 귀 기울여 듣지 않는다. 그러니 최대한 간결하게 말하자. 상대가 자세히 알고 싶어 질문하면 그때 더 말하면 된다.

말을 하는 순간에는 속이 후련하게 느껴지지만, 하고 싶은 말을 다 하고 돌아오면 오히려 마음이 찜찜해진다. 말하는 걸 좋아하는 사람이라면 당장은 말을 줄이는 게 답답할 수 있겠지만, 다른 사람의 말을 경청하는 습관을 들이고 연습한다면 결국 어떤 모임이든 끝나고 집에 돌아와 훨씬 더 편한 마음으로 잠자리에 들 수 있을 것이다.

모임을 대하는
마음가짐

모임의 종류를 크게 셋으로 나눠보자. 하나, 공적이고 의무적으로 참석해야 하는 모임. 둘, 아주 가까운 사람들과의 사적인 모임. 셋, 공적이지도 사적이지도 않은, 적당히 가까운 사람들과의 모임. 나이 들수록 세 번째 모임이 점점 좋아진다는 걸 알게 된다.

첫 번째 모임은 동창회나 동종업계의 공적인 모임이 많다. 정보 교환과 친목 도모를 위해 만나는 자리인데, 불참이라도 하면 모두 다 아는 평범한 정보를 나 혼자 모르기 십상이고 괜한 비난도 받을 수 있기에 농담 반 진담 반으로 이 자리는 반드시 참석해야 한다고 구성원들이 입을 모아 말한다. 아무래도 부담과 압박이 있는 자리기에 마냥 편한 모임은 아니다.

두 번째 모임은 한마디로 사적으로 너무 친해서 이러나 저러나 별 상관이 없는 모임이다. 마냥 편하고 자유로워서 좋긴 한데 거기에 따른 부작용도 있다. 친하다는 이유로 서로 조심하지 않고 함부로 하게 되니 다툼의 여지가 많고, 새롭고 건설적인 이야기를 하기도 어렵다. 모임도 태양과 비슷해서 너무 가까이하면 자칫 뜻하지 않은 상처를 입을 수도 있다.

반면 세 번째 모임은 의무적으로 참석해야 하는 것도 아니고 너무 친한 관계도 아닌, 그냥 내가 좋아서 가게 되는 모임이다. 완전히 가까운 사이도 아니기에 적당한 거리와 예의가 지켜진다. 특별한 목적이 있는 것도 아니고 관계에 대한 부담도 적기에 오히려 어떤 이야기든 더 진솔하게 주고받을 수 있다. 그래서인지 일에 큰 도움을 받은 것은 이

세 번째 모임이었다. 사심 없는 관계에서 얻을 수 있는 담백함의 장점이 분명 있다.

그래서 나는 모임의 숫자가 몇 개든 세 번째 모임은 꼭 하나 가지기를 권한다. 사실 첫 번째 모임이나 두 번째 모임은 살면서 자연스럽게 생기지만, 세 번째 모임은 내가 의식적으로 노력하지 않으면 가지기 어렵다. 공적으로도 사적으로도 어느 한쪽으로 치우쳐 있지 않은 이 세 번째 모임이 주는 기쁨은 굉장히 크다.

모임에 참석할 때 또 하나 중요하게 생각할 점은 이른바 '낄끼빠빠'다. 많이들 하는 말이지만 낄 때 끼고 빠질 때 빠지는 건 생각보다 쉽지 않다. 특히 나이가 들수록 더 어려운 것 같다. 본인이 좀 안다고, 혹은 선배라고 아는 척하며 말이 많으면 어느 모임에서건 환영받기 어렵다. 확실한 건 선배일수록 대접받기보다는 베풀러 가야 한다는 것이다. 나이가 들면 입은 닫고 지갑은 열어야 하는 법, 입은 열고 지갑은 닫는 건 최악이다. 후배들끼리 편한 시간을 갖도록 적당히 자리에서 일어서는 센스가 필요하다.

친구끼리만 모인 자리에서도 매번 자기주장만 내세우는

사람은 점점 피하게 된다. 자기가 몸담은 조직에서 높은 자리에 앉아 있을수록 더 그런 경향이 있는데, 부하 직원들에게 뭐든 시키는 게 버릇이 되었는지 친구들도 아랫사람 부리듯 하고 심지어 식당 종업원에게도 쉽게 화를 내며 말을 함부로 한다. 친한 친구니 그러지 말라고 말을 해주지만, 그것마저 받아들이지 못하고 기분 나빠하면 그다음엔 좋은 말을 해주고 싶다가도 입을 닫게 된다. 자연스레 관계가 멀어지는 건 당연한 일이다.

건배사로도 자주 쓰이는 '빠삐용'도 새겨둘 만하다. (모임에) 빠지지 말고, (마음 상해도) 삐치지 말고, (서로) 용서하며 살자는 뜻인데, 모임에 관한 불후의 명언이라고 생각한다. 혼자 사는 세상이 아니고 서로 어울려서 살아야 하는 만큼 모임에 참석할 때 최소한 이 정도 노력은 기울여야 하지 않을까.

사실 나도 나이 들수록 삐치게 되는 일이 종종 생긴다. 예전에는 안 그랬던 것 같은데 괜히 작은 일에도 서운하고, 다시는 그 모임에 안 가야지 하는 마음을 품게 될 때도 있다. 하지만 따지고 보면 다 내 마음의 문제임을 알기에 그럴 때마다 혼자 속으로 '빠삐용'을 외친다. 점점 빡빡해지는 게 세상인데, 좋아하는 사람들에게라도 좀 더 너그러워지자.

마지막은
웃으면서 안녕

여의도에서 근무할 때 한 직원은 맡은 업무는 성실하게 했지만 주위의 동료들과 어울리기 싫어하고 늘 벽을 세웠다. 마지막도 좋지 않았는데, 근무한 지 만 1년쯤 된 어느 날 이메일로 사직서를 제출하더니 인사도 하지 않고 홀연히 사라져버렸다. 인수인계는커녕 본인이 재직할 때 작성한 문서와 자료도 모두 삭제해버렸다. 업무 파악을 위해 전화를 걸어도 일절 받지 않아 남은 직원들이 한참을 고생했다.

그런데 몇 달 후 다른 회사의 인사팀에서 그 친구에 대한 평판 조회를 해왔다. 당신이라면 어떻게 답변했겠는가? 맡은 일은 잘했으니 일은 잘하는 친구라고 긍정적인 평가를 했지만, 인성과 관계에 대해서는 "노 코멘트"라고 답했다. 그래도 한때 동료였던 그를 부정적으로 평가하고 싶지 않았고, 그렇다고 지원자를 신중하게 평가하기 위해 직접 연락을 준 그 회사 인사팀에 거짓말을 할 수도 없는 노릇이었다. 물론 그 인사 담당자는 "노 코멘트"에 담긴 복잡한 마음을 읽어냈겠지만 말이다.

모든 시작에 끝이 있는 것처럼 만남에도 헤어짐은 있다. 당연히 입사가 있으면 퇴사가 있다. 그런데 첫 만남에 비해 잘 헤어지는 것에 대해서는 크게 중요하게 생각하지 않는 듯하다. 하지만 헤어짐도 중요하다. 내 입장에서 쌓인 게 많고 억울한 게 많을 순 있겠지만, 그럼에도 가능한 한 무난하게 헤어지는 게 나 자신을 위해 좋다.

사적인 인간관계에서도 마찬가지다. 당장 끊어야 하는 관계도 있겠지만 그럴 때도 단호하게 잘라내기보단 조금씩 거리를 두는 게 좋다. 깔끔하게 끝을 맺는 게 일견 좋아 보이지만 나중에 후회할 일이 생긴다. '다시는 그 사람 안 볼 거야. 까짓것 안 보면 그만이지. 좋은 사람만 봐도 바쁜데 싫은 사람을 왜 봐?' 같은 생각을 하게 되는데, 제일 하수는 상대방 면전에 대고 가슴에 비수를 찌르는 말로 모질게 이별을 고하는 것이다. 순간 속이 시원할지는 모르겠으나 그런 통쾌함은 잠깐이고 긴 후회가 남을 수 있다.

"지나온 다리를 불태우지 마라"라는 말을 자주 한다. 이 말은 꼭 돌아갈 길을 마련해두라는 것이다. 때에 따라서는 절대 되돌아갈 일 없이 죽을 각오를 다짐하는 게 멋있어 보이고 또 실제로 그럴 필요가 있을 때도 있겠지만, 대부분의 경우 지나온 다리를 불태워 없애버리면 나중에 후회만 남는다. 여태껏 몸담았던 조직이나 모임에서 다시 안 볼 것처럼 원수 지고 나갈 필요는 없다. 오랫동안 같이 마시던 우물에 침을 뱉고 나갈 필요는 없는 것이다.

살다 보면, 만나게 될 사람은 언젠가 다른 장소에서 또 만나게 된다. 이직을 하게 돼서 회사를 떠날 때도 다시는 안 볼 사람처럼 굴지 말자. 오히려 입사 때보다 퇴사 때 마무리를 잘하는 게 더 중요할 수 있다. 많은 걸 배운 사람에게는 진심으로 감사의 마음을 표현하고, 계속 남아 일을 진행할 사람에겐 따뜻한 응원의 말을 건네자. 업무 공백이 생기지 않도록 인수인계를 꼼꼼히 하는 것은 기본이고, 마음 맞는 사람들과는 퇴사 후에도 인간적인 교류를 이어가는 것이 좋다. 조금만 노력하면 유종의 미를 거둘 수 있고, 나중에 돌아봐도 마음이 가볍다.

마지막 태도는 떠나는 사람에게도 중요하지만, 보내는 사람에게도 중요하다. 오랜 회사 생활을 하며 수많은 신규 채용을 진행했지만, 가끔은 권고사직이나 계약 해지, 해고 등을 통보해야 할 때도 있었다. 이때도 지켜야 할 원칙이 있다. 최악은 관리자가 책임을 회피하기 위해 본인은 쏙 빠지고 다른 사람이나 이메일 등을 통해 간접적으로 알리는 것이다. 정말 그 자리에 있을 자격이 없는 사람이다. 마치 오래 사귄 연인에게 문자로 이별 통보를 하고 잠수를 타는 격이다. 이처럼 무능하고 비겁한 사람이 되면, 당한 당사자와는 악연이 되어 돌아온다. 순간의 난감함을 피하려다 내게 원한을 가진 사람을 만들어서야 되겠는가.

보내주는 사람도 비겁해져서는 안 된다. 껄끄럽고 부담

스러운 이야기라도 책임감을 가지고 정확히 이야기해야 한다. 내게도 이런 말을 꺼내야 할 때가 회사 생활을 하며 가장 난감하고 힘들었던 순간이었다. 하지만 그렇다고 피하는 건 더 최악이다. 나는 "사정이 이렇게 돼서 미안하다. 그동안 정말 수고 많았다"라고 이야기하며 상대의 손을 잡아주었다. 듣는 입장에서의 충격과 현실적인 상황은 달라지지 않는다 해도, 이메일이나 남의 말을 통해 퇴사 통보를 받는 모멸감과는 천지차이이다.

'꽃의 향기는 십리를 가지만 사람의 향기는 백리를 간다'고 한다. 떠나는 모습도 보내주는 모습도 아름다운 사람이 되자. 비겁해지지만 않아도 기본은 하는 것이다. 어려운 순간에도 웃으면서 헤어질 수 있도록 상대를 충분히 배려하면서 헤어지자. 끝이 있으면 또 시작이 있다.

죽음의 가치는
생에 있다

한국의 경조사 문화는 특별하다. 비록 지금은 코로나19 상황 때문에 예전처럼 많은 사람이 모이진 않지만 어쨌건 대부분의 사람에게 경조사 참석은 중요한 일로 인식되고 있다. 가까운 사이에서 관계를 손절하게 된 이유를 들어보면 생각보다 경조사와 관련한 사연도 많다. 경조사 참석은 관계 유지를 위한 필수적인 사람 노릇인 것이다.

나 역시 경조사에는 빠짐없이 참석하는 편인데, 부모님의 가르침에 큰 영향을 받았다. 사람이 살면서 인간된 도리를 잘해야 하는데 그 대표적인 게 경조사 참석이라고 어릴 적부터 배웠다. 살아보니 과연 틀린 말은 아니었다. 한 장소에서 많은 사람을 만날 수 있고, 평소에는 만나기 쉽지 않은 사람도 자연스럽게 보게 된다. 무엇보다 축하하는 마음과 애도하는 마음을 나누면 그 안에서 보이지 않는 끈끈한 유대감이 생긴다. 당사자 입장에서도 시간을 내서 와준 사람들을 보면 감사한 마음이 어마어마하다.

나이를 먹으니 최근엔 1년에 한 번 정도는 친구들의 본인상도 들려온다. 안타깝고 슬픈 일이지만, 조금씩 담담하게 받아들이고 있다. '인명은 재천'이라 사람의 목숨은 그야말로 하늘에 달려 있다는 생각을 하게 된다. 오랜 투병 끝에 사망하는 이도 있지만, 불의의 사고로 갑작스러운 이별을 하게 되는 사람도 있으니 모든 게 운명임을 받아들일 수밖에 없다. 어차피 우리 모두 운명이라는 잘 짜인 틀 안에서 움직이는 거라고 생각하면 죽음도 덤덤히 받아들이게 된다.

한강에서 자전거를 타다가 어느 종합병원 응급실 의사

를 만난 적이 있다. 그는 수많은 응급 환자를 만나고 그들을 떠나보낸 사람만이 할 수 있는 철학적인 이야기를 했다. 죽음도 삶의 일부임을 받아들이게 됐다는 것이다. 죽음에 과도한 의미를 두거나 슬퍼하면 다음에 밀려오는 환자를 처리하지 못한다. 드라마에서처럼 최선을 다해 살리려고 한 환자가 죽음을 맞이하면 자책하게 되는 의료진도 있으나 그들 역시 시간이 지나면 평정심을 되찾고 죽음을 받아들이게 된다고 한다.

물론 그도 1년 전에 친하게 지내던 산행 친구의 갑작스러운 죽음을 겪고는 한동안 안타까운 마음에 잠을 이루지 못했다고 했다. 죽음의 근방에서 헤매는 많은 환자를 돌보면서 대범하게 행동했지만 그 역시 인간인지라 친구의 급사는 받아들이기 힘들었던 모양이다.

하지만 누구도 죽음을 피할 수 없다. 나의 소중한 사람이 세상을 먼저 뜨는 건 그 무엇으로도 표현할 수 없는 슬픈 일이고, 나의 죽음 역시 평소에는 생각하고 싶지 않은 두려운 일이다. 그럼에도 우리가 죽음에 대해 생각해야 하는 이유는 우리는 죽음에서 생의 가치를 깨닫기 때문이다.

삶이라는 놀이공원은 밤이 되면 문을 닫고 사람들을 돌려보낸다. 그 안에서 우리는 저마다 다른 선택을 한다. 누군가는 영원히 그 안에 머물 것처럼 권태롭게 시간을 보내기도 하고, 누군가는 시계를 보며 초조하게 보낼 수도 있다. 그리고 또다른 누군가는 다시 돌아오지 않을 그 순간을 만끽하며 충실히 보낼 것이다.

중요한 것은 죽음이 아닌 생이며, 미래가 아닌 지금이다. 지금 내가 만나는 사람들이 가장 소중하고, 그들이 내 절친이다. 한때 사랑했던, 한때 친했던, 한때 소중했던 사람은 과거로 흘려보내면 된다. 지금 바로 이 시간을 함께하며 소소한 이야기를 나눌 수 있는 사람이 진짜 소중한 사람이다. 그래서 그렇게 다들 "있을 때 잘하라"라는 말을 하나 보다. 지금 나를 위해 함께 기뻐하고 함께 울어주는 사람을 귀하게 여기며 살자. 생은 지금, 여기에 있다.

4장

운명의 여신을
내 편으로 만드는 법

토머스 데커 Thomas Dekker

"습관이 성격을 만들고, 성격이 운명을 만든다. 그러니 오늘 하루 좋은 행동의 씨앗을 뿌려 좋은 습관이라는 열매를 거둘 수 있어야 한다. 좋은 성격으로 나 자신을 다스리면 운명은 그때부터 새로운 문을 열 것이다."

불운을 관리하라

톨스토이의 소설 『안나 카레니나』는 "행복한 가정은 모두 엇비슷하고 불행한 가정은 불행한 이유가 제각각 다르다"라는 구절로 시작된다. 이 구절이 전 세계에서 가장 유명한 첫 문장이 된 걸 보면 그만큼 많은 사람이 공감한다는 뜻일 것이다. 인생도 가정과 마찬가지로 행복한 이유는 엇비슷하지만 불행한 이유는 제각각이다. 모든 조건이 탁월하지 않아도 일정 수준 이상 골고루 충족되면 행복할 수 있다.

4장. 운명의 여신을 내 편으로 만드는 법

하지만 그중 어느 것 하나라도 큰 문제에 빠지면 불행해질 가능성이 크다.

칭기즈칸의 책사였던 야율초재 역시 비슷한 말을 한 적이 있다. "흥일리불약제일해興—利不若除—害", 즉 한 가지 이로운 일을 시작하는 것보다 한 가지 해로운 일을 제거하는 게 더 중요하다는 뜻이다. 우리는 행복한 삶을 위해 무언가를 성취하려 애쓰지만, 실상 행복한 삶을 위해선 탁월한 무언가를 바라기보다 불행한 일을 피하는 게 우선이다.

그렇다면 우리를 불행하게 만드는 사건은 언제 발생할까? 과연 불행을 미리 예방할 수 있을까? 갑작스러운 사고나 전염병처럼 우리가 어찌할 수 없는 영역의 불행도 있지만, 충분히 대비할 수 있는 것도 많다. 과소비하지 않기, 경솔한 투자 피하기, 건강 챙기기, 중독에 빠지지 않기, 주변 사람에게 무례하게 행동하지 않기 같은 것 말이다. 심지어 폭설 같은 자연재해도 미리 제설 대책을 세우면 피해를 최소화할 수 있다. 눈이 적게 내리게 할 방도는 없겠지만, 매뉴얼을 갖추고 사전에 준비하면 수월하게 대비할 수 있다.

어떤 기업이나 유명인이 구설수에 오르면 사정을 잘 아

는 주변에선 내심 "그럴 줄 알았다"라고 말하는 경우가 많다. 예상하지 못한 사건이 아니라 해묵은 문제들이 수면 위로 드러나는 경우가 많기 때문이다. 분명 몇 차례 조짐이나 징조 같은 게 있었을 것이다. 그런 신호들을 무시하고 대수롭지 않게 넘기면 결국 문제는 밖으로 터져 나온다.

우리 삶도 마찬가지다. 괜찮겠거니 하는 것들이 리스크 요인이다. 특히 승승장구할수록, 하는 일이 잘 풀릴수록 리스크에 대한 감각이 무뎌진다. 지금까지 일이 술술 풀려왔으니 앞으로도 그럴 것이라 장밋빛 미래를 그리는 것이다. 긍정적인 사고는 필요하지만 그럴수록 더 철저한 리스크 관리가 필요하다.

기술 창업을 한 후배가 한 명 있다. 자본금 몇억 원으로 회사를 설립했는데 회사가 가진 기술과 시장성 등 장래를 보고 백억 원 규모의 투자를 받았다. 소위 초기 투자 유치에 대박을 친 것이다. 깐깐한 투자자들에게 처음부터 좋은 평가를 받았으니 기세등등할 만했다. 나를 찾아와 이제는 평생 쓸 돈을 벌었다며 밥을 사주고 가기도 했다. 하지만 감당할 수 없는 큰 투자 금액이 오히려 독이 되어 돌아왔다. 오랜 기간 꾸준히 투자해야 하는 힘든 기술 개발보다는 그 돈으로 금융 투자에 나서는 것이 더 쉽고 수익도 클 거라고 생각한 것이다. 결국 그는 본업을 등한시하고 금융 투자에 더 많은 에너지를 썼다. 회사에 비전이 보이지 않는다고 판단한 핵심 인력이 하나둘 떠나기 시작했고 천년만년 좋을 것 같았던 금융시장도 곤두박질쳤다.

회사 돈이 전부 투자에 묶여 직원들 월급도 겨우 충당했고, 개인 돈과 회사 돈이 섞여 구분이 힘든 지경에 이르렀다. 급기야 투자자와 다른 주주들이 소송을 제기했고, 그렇게 폭풍 같은 시간이 흐른 뒤 그는 횡령 등의 이유로 구속이 되고 말았다.

리스크 관리를 하지 않은 자의 불행한 결말이다. 대박을 한 번 쳤으면 지속 가능한 경영을 최우선에 두고 본인의 강점인 기술 개발에 힘썼어야 했는데, 또 다른 대박을 꿈꾸며 감당할 수 없는 리스크를 감수한 것이다. 아끼는 후배였고 막을 수 있는 불행이었기에 더 안타까운 마음이 들었다.

미래에 대해 지나치게 걱정하며 전전긍긍할 필요는 없겠지만, 불운에 미리 대비하는 지혜는 필요하다. 자신의 말과 행동을 점검하고 조심성과 신중함을 기르자. 그게 운명의 여신을 내 편으로 만드는 가장 기본적인 방법이다.

벼락부자를 부러워할
필요가 없는 이유

소위 대박 스토리가 넘쳐난다. 책, 유튜브, SNS, TV 방송 등에서도 심심찮게 접할 수 있고 친구나 친구의 친구, 직장 동료의 지인 등 제법 가까운 주변에서도 성공담이 들려온다. '단군 이래 돈 벌기 가장 좋은 시기'라는 말까지 나오는 걸 보면 묵묵하게 성실히 일하고 있는 내가 바보라도 된 것 같다.

하지만 양이 극에 달하면 음이 생겨나는 법이다. 산을

212
어른의 재미

오를 때도 정상에는 멋진 풍광이 있지만 동시에 내리막길이 시작된다. 그게 세상의 이치다. 그러니 잘 오르는 게 중요한 만큼 잘 내려오는 것도 중요하다. 멈출 때를 알아야 하고 천천히, 무사히, 안전하게 잘 내려오는 법을 배워야 한다.

하지만 우리 모두 처음 사는 인생이니 그게 말처럼 쉽지가 않다. 일단 누군가의 대박 스토리는 재미도 있고 자극도 많이 된다. 갑자기 성공하거나 돈을 크게 번 사람들의 이야기를 들어보면 처음에는 정신을 제대로 차리기 어려워서 정상적인 판단이 잘 안 된다고 한다. 자랑도 하고 싶고 그동안 도움을 받은 주변 사람들에게 이것저것 베풀고도 싶은 마음에 밥도 사고 술도 사며 무용담을 과시하기도 한다. 게다가 요즘은 그러한 성공을 자랑하며 돈을 버는 시대니 누군가의 대박 스토리를 듣는 건 어렵지 않다.

반면 돈을 잃거나 망한 이야기를 듣는 건 쉽지 않다. 좋은 일이 아니니 굳이 떠벌리지도 않고, 듣는 사람도 우울한 이야기보단 돈 번 사람들의 이야기를 더 듣고 싶어 한다. 그러다 보니 돈 번 사람들만 잔뜩 있는 것 같아 보인다.

하지만 인생은 한 번 이기거나 지면 끝인 게임이 아니라,

계속 그다음 스텝이 있는 긴 레이스다. 지속 가능성이 더 중요하다는 얘기다. 운이나 실력이 좋아 어느 순간 큰 성공을 맛본 사람도 잘못된 판단 하나로 다시 미끄러져 내려올 수 있다. 살다 보면 실제로 그런 사람을 정말 많이 만난다. 아니, 대부분은 초반의 성공에 취해 더 가보지도 못하고 금세 미끄러져 깡통만 찬다.

충분한 돈을 벌면 만족하고 멈출 것 같지만, 한 번이라도 단맛을 본 사람은 평생 그 맛을 잊지 못해 위험한 선택을 반복한다. 그러다 결국 한번에 무너지는 것이다. 게다가 쉽게 번 돈은 쉽게 나가는 법이다. 하루 종일 직장에서 일하며 번 돈은 아까운 마음에 쉽게 쓸 수가 없다. 하지만 쉽게 번 돈은 공돈이라는 생각이 들어 더 함부로 쓰게 된다. 실제로 뉴욕대학교 로스쿨에서 진행한 한 조사에 따르면 복권 1등 당첨자의 파산 확률이 3분의 1에 이른다고 한다. 한마디로 돈의 밀도가 다르다. 잘될 때는 마치 황제라도 된 양 흥청망청 쓰다가 결국 일이 꼬이면 돈도 인간관계도 다 잃고 처량한 삶을 살게 되는 것이다.

결과적으론 운이 좋아서 떼돈을 벌었다고 부러워할 필요

가 없다. 대부분의 경우는 그 부를 지키지 못할 것이고, 만약 지키는 사람이 있다면 거기서부터 엄청난 노력이 더해졌다는 뜻일 테니까. 사마천도 『사기』에서 창업의 전략과 수성의 전략은 완전히 다르다고 했다. 성공하거나 부자가 되는 일과 그것을 지키고 존속하는 일은 별개의 일이다.

그러니 벼락부자 이야기를 들으면 그들이 어떻게 성공했는지만 볼 게 아니라 그 후에 어떻게 되었는지를 더 유심히 살펴야 한다. 수성에 성공한 사람이라면 어떻게 지속 가능한 시스템을 만들었는지를 봐야 하고, 그러지 못한 사람이라면 무슨 문제를 해결하지 못했는지를 살펴 반면교사로 삼아야 한다. 무엇보다 그저 부러운 마음에 흔들리지 말자. 벼락부자의 하이라이트를 보며 내 삶을 비관하거나 대박을 좇지는 말자. 자기 페이스대로 살아가고 있는 사람이라면 이미 잘 살고 있는 것이다.

약점을 드러내라

젊은 시절 유난히 완벽주의를 고수했던 친구가 있었다. 뭐든 꼼꼼하고 완벽한 터라 단점이라곤 보이지 않는 친구였다. 좀처럼 남에게 부탁하는 일도 없었고, 언제나 반듯한 모습만 보여서 '저 친구도 고민이 있을까?' 싶었다. 그러던 그가 나이를 먹고 신경성 질병으로 고생을 했는데, 알고 보니 그 원인이 완벽주의에 있다고 했다. 그는 평생 완벽해 보이려 애쓰던 자신의 모습을 후회한다며 "조금 더 마음 편히 살결"이라고 말했다.

사실 완벽주의자의 삶은 고단하다. 본인이 불편할 뿐만 아니라 주변 사람들 역시 완벽주의자 앞에선 빈틈을 보일까 봐 어딘가 불편해진다. 그래서인지 사람들은 완벽해 보이는 이들이 실수하길 은근히 기다리며 조그만 틈이라도 보이면 가차 없이 공격한다. 무결점으로 보이는 셀럽과 인플루언서들의 잘못에 더 가혹하게 돌을 던지는 것도 이런 이유 때문인 듯하다. 사람들은 은연중에 나오는 다른 완벽한 자들의 실수를 기다린다.

1944년 미국 대통령 선거 당시 해리 트루먼 후보는 여론조사에서 상대 후보에게 뒤지고 있었다. 그런데 결과는 예상을 뒤엎어 트루먼이 상대 후보를 4.4퍼센트포인트 차로 누르고 당선되었다. 전문가들은 트루먼이 승리한 이유가 동정표에 있다고 분석했다. 연거푸 여론조사에서 뒤진 걸로 나오니 약자 이미지가 생겼고, 그것이 약자를 응원하고 싶어 하는 사람들의 마음을 제대로 자극한 것이다. 약점을 드러내면 무시를 받을 거라 생각하지만 사람들은 약간의 약점은 인간미로 여긴다. 실제로 약자를 응원하고 싶어 하는 언더독 현상은 꽤 흔하다. 약자에 대한 관대함 혹은 일체감이 작용하는 것이다.

반대로 뭐든 내가 제일 잘한다고 자랑만 하면 주위에서 아무도 도와주려 하지 않는다. 내가 필요해 보이지 않는 사람을 굳이 먼저 나서서 도와줄 필요는 없으니까. 게다가 도움을 요청하지도 않았는데 괜히 도와주려고 하다가 거절당하는 것만큼 민망한 일도 없지 않은가.

조직 내에서도 마찬가지다. 리더가 자신의 약점을 먼저 드러내고 팀원들의 도움이 필요하다고 손을 내밀면 팀원들은 자신에게도 역할이 생겼다는 생각에 더 분명한 목표 의식을 가지고 일할 수 있게 된다. 그런 마음이 모여 팀워크가 좋아지는 것이다.

연인이나 친구 등 사적인 관계에서도 빈틈이 있어야 다가갈 수 있는 공간이 생긴다. 완벽해 보이는 사람에게는 나라는 존재가 필요하지 않을 것 같아 섣불리 다가설 수 없는 법이다. 그러니 완벽한 척 굴지 말자. 어차피 완벽할 수도 없다. 앞서 말했지만 약점을 드러내야 어려울 때 도움을 받을 수 있다. 사람들은 대부분 남을 돕고 싶어 한다. 타인을 돕고 세상에 기여하며 존재 가치를 느낀다. 나 역시 내게 도움을 요청하는 사람들에게 조금이나마 도움이 될 때 삶의 큰 보람을 느낀다. 그러니 센 척하지 말고 도움이 필요할 때는 당당하게 도움을 요청하자. 도움을 받을 수 있어야 나도 다음 기회에 상대에게 도움을 줄 수 있다.

자신의 약점을 드러내고 조언을 구하다 보면 호혜적인 관계를 만들 수 있다. 물론 아무에게나 약점을 보이며 의존하는 행동은 안 되겠지만, 믿을 만한 사람에게 자신의 약한 점을 솔직하게 드러내보면 오히려 관계가 더 좋아진다는 사실을 알게 될 것이다.

그리고 무엇보다 좋은 건 스스로 완벽해야 한다는 감옥에서 나올 수 있다는 점이다. 이 감옥은 자기 자신에 대한 높은 기대감으로 스스로 만든 것이다. 나는 이 정도는 해야 한다는 자의식 과잉, 남들이 내게 거는 기대가 엄청나게 크다고 믿는 착각 등이 완벽주의라는 감옥을 더 튼튼하게 만든다. 하지만 이 감옥에 갇히면 나만 괴롭다. 완벽할 필요도 없고 완벽할 수도 없는데 완벽해지기 위해 자신을 못살게 군다. 하지만 그렇게 나 자신을 몰아세울수록 내 에너지는 금세 소진될 수밖에 없고 스스로 기대감을 충족시키지 못했다는 생각에 끊임없이 자책하게 된다.

그러니 내가 만든 감옥에서 나와 조금 더 자유롭고 허술하게 살아보자. 혼자 할 수 없다면 남의 도움을 받으면 되고, 지금 할 수 없다면 다음번에 다시 시도하면 된다. 그렇게 하나씩 문제를 해결해나가며 성장하면 된다.

운명의 경로를 바꿔라

사회심리학에는 경로 의존성^{path dependence}이라는 개념이 있다. 뭐든 한번 경로가 정해지면, 그 경로가 비효율적이라는 사실을 알고도 쉽게 바꿀 수 없음을 뜻한다. 물리학에서 말하는 관성의 법칙이 인간 사회와 심리에도 그대로 적용된다고 보면 좀 더 이해가 쉬울지 모르겠다.

대표적인 예가 QWERTY(쿼티)순으로 나열되어 있는 영문 키보드다. 훗날 훨씬 더 효율적인 키보드가 개발되었지만, 단지 쿼티 키보드가 먼저 개발되어 다들 여기에 익숙하다는 이유로 지금도 우리는 쿼티 키보드를 사용한다.

항공기에 달린 로켓 추진체의 넓이는 143.5센티미터인데, 추진체를 기차로 운반해야 하니 철로 폭에 맞춘 것이라 한다. 그럼 철로 폭은 왜 143.5센티미터일까? 19세기 영국에서 증기 기관차를 운행하며 마차 선로를 이용했는데, 마차 선로는 수레바퀴 너비에 따라 만들어졌다. 그리고 이는 2000년 전 로마 전차의 너비로 만들어졌는데 그건 말 두 마리의 엉덩이 너비였다. 결과적으로 보자면 말 두 마리의 엉덩이 너비가 로켓 추진체의 너비를 결정한 꼴이다. 한번 정해지니 수천 년이 지나도 그 경로에서 벗어날 수가 없는 것이다.

우리 삶이라고 크게 다를까? 한번 경로가 정해지면 그 경로를 쉽게 바꿀 수 없다. 가끔 운명이 있다고 믿게 되는 이유도 여기에 있다. 아무리 발버둥을 쳐도 정해진 삶의 경로에서 벗어날 수 없다고 느껴질 때가 있으니까. 새해에 세운 목표가 신기루처럼 사라지는 것도 성격을 바꾸기 어려운 것도 다 경로 의존성 때문이다. 아인슈타인이 남긴 유명한 말 "어제와 똑같이 살면서 다른 미래를 기대하는 건 정신병 초기 증상이다"가 너무 맞는 말이라는 걸 잘 알면서도 여전히 똑같이 사는 우리의 모습에서도 경로 의존성을 발견한다. 어제와 똑같은 경로로만 다니는데 어찌 목적지가 다를 수 있겠는가?

그럼에도 우리는 때로 자신의 경로를 수정하는 사람들을 만난다. 그들은 어떻게 그게 가능한 걸까? 우리들 대부분은 목표를 세우는 데 여념이 없다. 도착하고 싶은 목적지만 생각하는 것이다. 하지만 우리가 원하는 목적지에 닿기 위해 정작 필요한 건 새로운 경로다. 목표에 대한 열정이나 집념이 아니라 새로운 경로를 구축하는 지혜가 필요한 것이다. 사람들은 목표를 정하고 생각하는 데만 시간을 쏟을 뿐 새 경로를 찾고 구축하는 데는 시간을 투자하지 않는다. 목표를 세우는 데 3할의 시간을 쓴다면, 나머지 7할의 시간은 새 경로를 짜는 데 써야 한다.

나는 경로의 동의어가 시스템이라고 생각한다. 우리가 아는 기업의 흥망성쇠를 살펴봐도 초기에는 창업자의 천재적인 아이디어나 압도적인 기술이 눈에 띄지만 그런 성공을 지속 가능하게 하는 힘은 시스템에 있음을 알 수 있다. 1년 내내 리그전을 벌이는 프로 스포츠 경기도 그렇고, 책이나 영화 제작 같은 프로젝트도 좋은 시스템만이 꾸준하고 안정적인 성공을 보장한다. 결국 한번 정해진 경로를 바꿀 수 있는 건 새로운 시스템뿐이다.

내가 퇴직 후 가장 공을 들였던 것도 내 삶의 새로운 시스템을 구축하는 것이었다. 퇴직 후 자유로워진 시간을 어떻게 보내느냐가 인생 후반기의 재미를 결정할 것임을 잘 알고 있었기 때문이다. 회사라는 조직을 떠나 온전한 개인으로 누리는 시간은 처음이다 보니 퇴직 후 몇 주는 너무나 어색했다. 하지만 초기값을 잘못 설정하고 빈둥거리며 나태한 시간을 보내면 퇴직 후의 경로 의존성이 그대로 굳어질 것이 분명했다.

그래서 나는 새로운 시스템을 만들었다. 집 근처 문화센터에서 평소 배우고 싶었던 수업에 등록했고, 정기적인 운동과 모임 스케줄을 짰다. 특별한 일정이 없는 날에도 집 근처 카페로 가서 새로운 일을 구상하고 그 일을 잘하기 위한 공부를 했다. 그 덕분에 퇴직 후에도 우울함이나 무력감

없이 재미있게 지낼 수 있었다.

　코로나19 이후 재택근무나 원격 수업이 많아지면서 많은 사람이 조금 더 자유롭게 시간을 쓸 수 있게 됐다. 비교적 자유로워진 환경 때문에 게을러졌다는 고백을 하는 사람이 많은데, 문제는 게을러서가 아니라 시스템이 구축되지 않아서다. 시스템을 갖추지 못하면 누구나 우왕좌왕하는 하루를 살게 된다. 그러니 게으르다며 자책하는 대신 일상의 시스템을 구축해보자. 처음에는 우리가 시스템을 만들겠지만, 나중에는 시스템이 우리를 만들 것이다.

배움 앞에서
두려움 내려놓기

나는 카투사에서 군복무를 했다. 당시 또래들 중에서 영어
를 조금 잘하는 편이긴 했지만, 그래 봤자 입시를 위한 영
어 공부가 전부였기에 유창한 수준으로 말하진 못했다. 당
연히 처음에는 미군들과 대화를 나누는 게 쉽지 않았다.
내가 말하는 게 문법에 맞는지 자꾸 걱정됐고 제대로 발음
하고 있는지도 자신이 없었다. 하지만 속으로만 그랬을 뿐
겉으로는 틀리거나 말거나 먼저 다가가 대화를 나누려고

노력했다. 덕분에 조금씩 영어가 늘었는데, 그때 배운 영어와 미국식 농담은 평생 두고두고 도움이 되었다.

일본에서 주재원으로 근무할 때도 마찬가지였다. 주재원으로 오는 사람들 대부분이 한인이 많이 사는 지역으로 주거지를 택했지만, 우리 가족은 한인이 거의 없는 지역에 자리를 잡았다. 처음에는 힘들었지만, 그 덕에 일본어가 많이 늘었다. 심지어 일본어를 전혀 하지 못하던 아내도 현지인과 어울리며 빠르게 실전 일본어 실력을 쌓았다. 주재원 아내들이 대부분 일본어를 배우지 못하고 한국으로 돌아오는데 반해, 아내는 일본어를 제법 잘하게 되었고 그때 배운실력으로 지금도 교회에서 일본인 안내 일을 맡고 있다.

뭐든 처음에는 두려운 게 당연하다. 창피를 당하는 것도싫고 노력해도 별로 느는 것 같지 않아 더 하기가 싫다. 하지만 이 시기를 버티지 못하고 어렵다고 피하기만 하면 우리가 배울 수 있는 건 거의 없다. 자전거를 배울 때도 그렇지 않은가. 넘어지는 걸 두려워하면 평생 배우지 못한다. 넘어지지 않고 자유롭게 자전거를 타는 모습을 떠올리며 배우는 시간을 견뎌야 한다. 피하기만 하면 아무것도 배울 수 없다.

한번은 직원들과 워크숍에서 승마 체험을 한 적이 있다. 동료 직원 중 한 명이 오른 지 얼마 되지 않아 말에서 떨어지고 말았는데, 몸이 다치지는 않았지만 큰 두려움을 갖게 되었다. 그는 다시 타지 않겠다고 나중에 기회가 되면 배우겠다고 말했는데, 그때 몽골에서 왔다는 강사가 "지금 다시 안 타면 평생 무서워서 영원히 못 타요! 지금 바로 타야 돼요"라고 말하며 그를 독려했다. 그 말에 용기를 얻은 직원은 다시 말에 올랐고 결국 승마 배우기에 성공했다.

우리의 삶을 확장하는 것은 배움이다. 수영을 배우면 바다를 다르게 경험할 수 있고, 운전을 배우면 어디로든 자유롭게 이동할 수 있다. 어학을 배우면 맡을 수 있는 일의 범위와 기회가 늘어날 뿐 아니라 세계의 다양한 사람들과 직접 소통하며 더 많은 것을 배울 기회를 얻게 된다. 여행을 하면서 스쳐 지나가는 수많은 사람과 자유롭게 대화를 나누는 즐거움 역시 여행의 밀도를 전혀 다르게 만든다.

무엇이든 처음 시도할 때는 두렵고 불안한 게 당연하다. 이런 불안감을 떨치기 위해서는 그냥 한번 해본다는 마음가짐이 중요하다. 결과야 어찌되든 경험 삼아 한번 해본 일은 반드시 나중에 도움이 된다. 설령 그 일이 실패로 끝나더라도 말이다. 적어도 다음에 시도할 때 똑같은 실수를 할 확률을 줄여줄 테니까. 평생 한 번이라도 해봤다면 그것 자체로 내 삶의 큰 자산이 되는 것이다.

사실 배움 앞에서 두려움을 느끼는 건 자신은 뭐든 잘해야 한다는 오만에서 비롯된 감정일 수 있다. 처음 접하는 건데 못하는 게 당연하지 않나? 이 시기에는 오히려 자신에게 초심자의 자유가 있음을 알아차리고, 마음껏 실수하고 틀리고 물어볼 기회를 누려야 한다. 업으로 하는 일에는 실수가 있어서는 안 되겠지만, 잘 모르고 못해서 배우는 거라면 얼마든지 틀려도 된다. 나이가 들어 새로 배우는 게 전보다 더 어렵더라도 그저 그 사실을 받아들이고 할 수 있는 만큼만 하면서 조금씩 배워나가면 된다. 물론 젊었을 때 기초만이라도 배워두면 나중에 다시 배울 때 훨씬 적응이 쉬울 테니 젊은 시절 부지런히 삶을 확장하는 노력을 해두면 좋을 것이다.

어렵거나 두렵다고 피하지는 말자. 과정은 지겹고 유쾌하지 않을 수 있지만 결국 지금 우리가 배우는 것들이 우리의 삶을 풍요롭게 만든다.

작은 행동이
크게 돌아온다

단기간에 목표를 달성하려고 애쓰다 보면 무리하기가 쉽다. '수면 시간을 하루 세 시간으로 줄이고 남은 시간에 다 공부하자. 아무리 힘들어도 반드시 해낼 거야.' 이렇게 결심해서 열의를 불태운다고 해도 이런 계획이 얼마나 지속될까. 금세 나가떨어지거나 수면 시간 부족에 따른 여러 부작용에 시달릴 것이다.

아무리 좋은 계획도 지속되지 않으면 아무 의미가 없다.

그러니 가랑비에 옷 젖는 줄 모른다고, 매일 조금씩 하는 게 더 효과적이다. 의지나 열정으로가 아니라 자연스럽게 하게 되는 습관이 중요한 이유다.

성공한 투자자들이 입을 모아 강조하는 개념이 하나 있다. 바로 복리다. '오마하의 현인'으로 불리는 워런 버핏도 복리의 힘을 자주 이야기했는데, 이를 쉽게 설명하기 위해 복리 효과를 눈덩이를 굴리는 행위에 비유했다. 언덕 위에서 굴린 조그만 눈덩이가 언덕을 내려오며 큰 눈덩이가 되는 것처럼, 이자에도 이자가 붙는 복리 효과를 지속적으로 누리게 되면 자산을 크게 증식시킬 수 있다는 것이다. 이것이 바로 스노우볼 효과snowball effect다.

그런데 이 스노우볼 효과는 자산 증식에만 해당되는 이야기가 아니다. 우리 삶에서도 좋은 습관을 매일 반복적으로 눈덩이처럼 굴릴 수 있다면 훗날 어마어마한 성장으로 결실을 맺는다. 이를 설명하기 위해 일본의 경영 컨설턴트인 히라노 도모아키는 자신의 책에서 '0.1퍼센트의 성장'의 위력을 설명한다. 현재 자신의 능력을 1이라 했을 때 매일 전날보다 0.1퍼센트 성장하면 첫날의 성장 정도는 1.001

밖에 안 된다. 일주일 동안 계속해도 겨우 1.007이고 한 달을 지속해도 1.03에 불과하다. 해도 별 소용 없다며 금세 포기하고 싶을 수준의 성장이다. 하지만 이 시기를 잘 극복하고 지속적인 노력을 이어가면 1년 후에는 1.44, 2년 후에는 2.07, 5년 후에는 6.2가 되고 10년이 지나면 34.48이 된다. 지금 하는 조그만 노력이 10년간 반복되면 무려 34배 이상 성장하게 된다는 소리다.

우리는 너무 바쁘고 시간이 없다는 핑계로 매일 0.1퍼센트의 성장을 위한 노력을 포기한다. 대신 시간이 많을 때 한꺼번에 다 따라잡을 수 있을 거란 기대를 품는다. 하지만 그건 절대 마음대로 되지 않는다. 벼락치기로 당장의 시험은 잘 칠 수 있을지 모르지만, 그것을 온전한 내 실력으로 만드는 데는 한계가 있다. 그리고 사회에 나오면 그런 충분한 시간을 통째로 확보하는 것 자체가 불가능하다는 걸 알게 된다. 시간이 나길 기다리지 말고 틈틈이 시간을 내야 하는 것이다.

욕심을 내거나 무리할 필요가 없다. 정말 시간이 없다면 딱 5분만 시간을 내보자. 5분이면 하루 24시간의 0.34퍼센트다. 이 작은 시간을 투자해 매일 0.1퍼센트라도 성장할 수 있다면 10년 후의 나는 완전히 다른 사람이 될 수 있는 것이다. 하고 싶은 일이 있는데, 잘하고 싶은 게 있는데 이 정도 시간도 투자하지 못할까. 원대한 목표에 비해 너무 사소한 노력인 것 같아 미심쩍다면 스노우볼 효과를 떠올리자. 아니, 아예 목표 따윈 잊고 지금 내가 할 수 있는 5분의 시간에 더 집중하는 게 좋겠다.

무엇이든 좋다. 어학 공부든 계단 오르내리기든 악기 연습이든 5분으로 할 수 있는 건 무궁무진하다. 몸에 익숙해지고 습관이 되면 사정에 맞게 10분, 30분, 한 시간 등으로 얼마든지 늘려도 된다. 매일 꾸준히 해나가는 사람을 당할 자는 없다. 운명을 바꾸는 가장 간단한 방법이 바로 여기에 있다.

인생에 한 번은
도약이 필요하다

내가 처음으로 입사한 회사는 당시 최고의 직장 중 하나로 꼽히는 곳이었다. 게다가 입사 때 치른 영어 듣기 시험에서 사상 첫 만점을 받으며 나는 동기들보다 더 높은 연봉을 받게 되었다. 그 회사를 다니며 지금의 아내와 결혼을 했고 첫 아이도 낳았다. 운이 좋았는지 사회생활 시작부터 순탄하고 평온한 시기를 보낸 셈이다.

그럼에도 나는 더 늦기 전에 대학원 유학을 가야겠다는

결심을 했다. 주변 사람들은 대부분 만류했다. 회사에서도 자리를 잘 잡고 있었기에 이대로만 쭉 나아가도 탄탄대로일 거라고 했다. 그래도 한번 결심이 서니 그런 말들이 잘 들리지 않았다. 안전지대에서 벗어나 한 번은 도약하는 시기가 필요하다고 느꼈기 때문이다. 그로부터 30년이 지난 지금 내 삶을 돌아보면, 그때의 결정이 내 인생 최고의 결정이었던 듯하다.

사회에서 성공한 사람들을 만나면서도 비슷한 생각을 했다. 잘 몰랐을 때는 그들 모두 처음부터 비범한 삶을 살아온 줄 알았지만, 만나서 이야기를 들어보면 대부분 평범한 삶을 살아오다가 한두 번의 도약으로 비범해진 경우가 많았다. 그리고 이 도약은 안전지대에서 벗어나는 모험을 감수할 때 가능했다. 한 번의 도약으로 운명을 바꿀 수 있는 것이다.

이런 도약의 시기에는 필연적으로 일정 기간 단절되는 시기도 생겨난다. 익숙한 일, 익숙한 사람, 익숙한 공간을 떠나 새로운 맥락과 환경에서 전혀 다른 방향의 삶을 살게 된다. 지나고 보면 꼭 필요했던 시기임을 알 수 있지만, 현재 진행형인 당시에는 자신이 괜한 짓을 한 건 아닌지 불안감이 엄습하기도 한다. 그럴 때는 이 불안감을 껴안으면서 계속 앞으로 나아가면 된다. 앞으로 어떻게 살 것인지 진지하게 고민할 수 있는 좋은 기회이기도 하다.

첫 책을 쓰기로 결심하고 출간 경험이 있는 지인들에게 조언을 구하니, 책은 머리로 쓰는 게 아니라 엉덩이로 쓰는 것이라는 답이 돌아왔다. 해보니 사실이었다. 그야말로 지구력이 필요한 일이었다. 쓰면 쓸수록 내 엉덩이 힘이 부족함을 느꼈다. 관련 도서 읽기, 자료 수집 등 몸풀기가 끝나고 본격적으로 집필 과정이 시작되면 사람과의 만남을 줄이고 단절되는 시기를 가져야 한다는 조언도 있었다. 이 말에도 충실히 따랐다. 그동안 좋아하고 내 삶의 일부였던 각종 취미 생활과 모임 등을 전부 중단했다. 하루빨리 끝났으면 하는 생각이 간절했는데, 어쨌건 이 시기 덕분에 이 책도 쓸 수 있었다.

인간은 원래 사회적 동물이라 그런지, 아니면 내가 사람 만나는 것을 유독 좋아하는 성격이라 그런지, 일시적으로나마 단절의 시기를 갖는 게 말처럼 쉽지는 않았다. 꾸준히 이어오고 있는 여러 모임에 얼마간 참석하지 않으면 그들에게 배척되는 것 아닌가 하는 생각도 들고, 다음에 그 모임에 나가는 게 불편하지 않을까 걱정도 됐다. 하지만 모두 쓸데없는 걱정이었다. 시간이 어느 정도 흐른 뒤 모임에 다시 나갔어도 달라진 건 아무것도 없었다.

물을 아무리 오래 끓인다 해도 99도에서는 끓지 않는다. 100도가 되어야 물이 끓듯이 우리가 하는 노력도 일정한 수준에 도달할 때 그 결과가 나타난다. 마지막 한 걸음이 중요한 이유다. 꾸준한 노력에다 인생에 한 번쯤은 전력을 다해 도약하는 시간을 더하자. 기존의 안전지대에서 떨어져 나와 단절되는 시기를 보냄으로써 평생 꿈꿔오던 운명을 스스로 만들 수 있다. 단언하건대, 분명 당신 삶에서 최고의 선택이 될 것이다.

미리 준비하면
운이 들어온다

운이 나빠지는 가장 간단한 방법이 하나 있다. 늑장을 부리면 된다. 아침에 출근할 때도 꾸물대며 늦게 나온 날은 꼭 엘리베이터도 늦게 오고 신호등도 눈앞에서 빨간불로 바뀌고 지하철도 코앞에서 놓친다. 그러면 운 없는 날이라며 한숨을 쉬게 되고, 결국 아슬아슬하게 지각해 상사의 눈총을 받으며 불편하기 짝이 없는 마음으로 하루를 시작한다.

그러면 어떻게 이 불운을 애초에 없앨 수 있을까? 그것 역시 간단하다. 조금 일찍 나오면 된다. 여유 있게 나오면 엘리베이터가 좀 늦건 신호가 눈앞에서 빨간불로 바뀌건 지하철을 코앞에서 놓치건 별로 상관이 없다. 몇 분 늦는 것에 마음이 조마조마해지지 않으니 여유롭게 움직일 수 있고, 그 시간에 생산적인 생각을 할 수도 있다.

대기업 CEO들이 그룹사 사장단 회의를 할 때에는 보통 시작 20~30분 전에 모두 모인다. 바쁠 것이 분명한 CEO들인데 여유 있게 일찍 온다. 기업에서 오랜 세월 근무하면서 지각하는 CEO는 거의 본 적이 없다.

그들은 왜 이렇게 일찍 모이는 걸까? 회장님에게 잘 보이려고? 아니다. 기업의 CEO들은 신입 사원 때부터 수십 년간 회사 생활을 해온 사람들이다. 그들이 일찍 모이는 이유는 절대 지각을 하지 않기 위해서이기도 하지만, 그보다는 일찍 도착한 사람들끼리 안부도 묻고 최근 그룹 내의 중요한 이슈 등에 대한 정보를 나누기 위해서다.

게다가 일찍 도착하면 좌석 선점의 효과도 있다. 먼저 온 사람이 분위기 파악을 더 자연스럽게 하고 있으니 나중에 온 사람들과의 대화도 여유 있게 이끌어갈 수 있고 덕담이

나 가벼운 정보도 공유해줄 수 있다. 사소해 보이지만 이런 것도 리더십의 일종이다. 반면 시간에 딱 맞춰 온 사람은 땀이 식을 새도 없고 주변 사람들에게 인사할 시간도 없이 허겁지겁 자리에 앉아 자료를 펴기 바쁘다.

그러니 당연히 미리 준비하는 사람에게 행운이 따른다. 미팅이나 중요한 약속이 있다면 미리 도착해 오늘 이야기 나눌 거리를 한번 살펴보길 권한다. 거래처에 방문하는 자리라면 여유 있게 도착해서 근처 분위기도 익힌 후에 5분 전쯤 문을 두드리면 된다. 이런 게 생활화되면 일도 놀라울 정도로 더 잘 풀릴 것이다.

프랑스에는 '사람은 자기를 기다리게 하는 사람의 결점을 계산한다'라는 속담이 있다. 몇 번은 그저 조금 늦은 것처럼 보이지만 이게 쌓이다 보면 신뢰를 잃게 된다. 그럼에도 습관적으로 늦는 사람은 대부분 '그럴 수도 있지'라고 가볍게 생각한다. 민폐라고 직접 충고를 해주는 게 가장 좋겠지만 말하는 사람 입장에서도 '사소한 일에 굳이'라는 생각에 아무 말도 하지 않는다. 그러면 늦는 사람은 그게 민폐인 줄 모르고 그냥 넘어간다. 이런 상황이 반복되면 안 좋은 습관이 더욱 굳어지고, 나중에는 주변 사람들이 아무 이유 없이 자신을 피하는 것 같다고 불평하기 시작한다.

늦는 습관은 정말 바꾸기 어렵다. 젊을 때 지각하는 친구들을 보니 환갑이 넘어서도 그런다. 지금 고치지 않으면 평생 고치기 어려운 게 시간 관념이다. 시간에 있어서만큼은 쓸데없이 낙관주의자가 될 필요가 없다. 미리 준비해서 여유 있는 시간을 확보하자. 급하게 뛰어가는 사람은 운이 눈앞에 있어도 그냥 못 보고 지나치고 만다.

행운을 선택하는 법

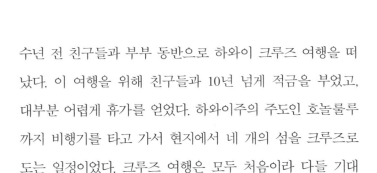

수년 전 친구들과 부부 동반으로 하와이 크루즈 여행을 떠났다. 이 여행을 위해 친구들과 10년 넘게 적금을 부었고, 대부분 어렵게 휴가를 얻었다. 하와이주의 주도인 호놀룰루까지 비행기를 타고 가서 현지에서 네 개의 섬을 크루즈로 도는 일정이었다. 크루즈 여행은 모두 처음이라 다들 기대가 컸다.

도착 당일은 날씨가 무척 좋았다. 크루즈를 타러 가는 길

4장. 운명의 여신을 내 편으로 만드는 법

에 와이키키 비치가 있었는데, 거기에서 우리는 높고 푸른 하늘과 쭉 뻗은 야자수, 눈부신 바다의 풍광과 자유로운 서퍼들의 움직임 등을 마음껏 즐겼다. 우리가 사진을 찍느라 야단법석을 떠니 가이드가 인생샷은 크루즈 위에서 찍자고 해서 서둘러 배를 타러 갔다.

크루즈에 오르니 우선 어마어마한 규모에 입이 쩍 벌어졌다. 배 안을 운동 삼아 한 바퀴 걸으면 700~800미터나 된다고 했다. 승객은 3000명 이상, 종업원도 1000명이 넘었다. 이들이 다 같이 일주일 동안 크루즈에서 생활하게 된 것이다. 크루즈에서의 첫 번째 밤은 전부 장거리 비행에 지쳐 곯아떨어졌다. 다음 날부터의 즐거운 여행을 기대하며.

그런데 다음 날부터 매일같이 비가 내렸다. 무려 일주일 내내 비가 왔다고 해도 과언이 아니었다. 가이드를 맡은 현지 교민은 하와이에 이민 온 지 20년 정도 되었는데, 이렇게 황당한 날씨는 처음이라고 했다. 세계에서 제일 날씨가 좋다고 알려진 하와이에 무려 일주일 내내 비가 내리다니. 비가 오니 쌀쌀하기까지 했다. 다들 여름 옷만 준비해 왔기에 몸이 으슬으슬해서 감기 환자도 속출했다.

최악의 상황이었다. 하지만 이대로 그냥 넋 놓고 고대하던 크루즈 여행을 망칠 순 없는 노릇 아닌가. 야속한 날씨 때문에 하와이의 멋진 풍광을 즐길 수 없게 되자, 나는 크루즈 이곳저곳을 돌아다녔다. 크루즈에서 할 수 있는 놀거리들을 하나씩 탐색해갔고, 세계 각지에서 온 새로운 사람들을 만났다. 마치 동네 친구처럼 지나가다 우연히 마주치면 반갑게 인사를 나눴고, 그렇게 가볍게 시작한 대화가 저녁 식사 자리까지 이어지는 일도 있었다. 청년의 배낭여행이 아닌, 중년의 크루즈 여행에서 이렇게 다양한 나라의 친구를 사귈 기회가 언제 또 있을까?

하와이 여행을 마치고 한국에 도착한 후 사람들의 감상평은 둘로 나뉘었다. 여행 가려고 10년 넘게 준비했는데 그놈의 날씨 탓에 재미가 덜했다는 사람과 오히려 궂은 날씨 덕에 크루즈 안에서 다양한 사람과 교류하며 색다른 체험을 했다는 사람. 똑같은 상황에서 누군가는 운이 없다고 말했고, 누군가는 새로운 경험을 하며 스스로 운을 발견했다.

윈스턴 처칠은 "비관론자는 모든 기회에서 어려움을 찾아내고, 낙관론자는 모든 어려움에서 기회를 찾아낸다"라고 말했다. 어차피 세상의 모든 일에는 밝은 면과 어두운 면이 공존한다. 그리고 우리 마음속에는 밝음과 어둠 중 어느 한쪽을 선택하는 방아쇠가 있다. 어느 쪽으로 그 방아쇠를 당길지는 스스로 결정해야 한다.

상황을 바꿀 수 없다면 우리에게 남는 건 선택이다. 어떻게 받아들일 것인가, 그리고 지금 할 수 있는 것 중 무엇을 선택할 것인가. 그 선택에 따라 의미가 달라진다. 하고 싶은 걸 못하게 된 불운? 아니면 새로운 기회라는 행운? 운은 하늘에서 떨어지는 게 아니라 우리가 선택하는 것이다.

어른의 재미

세상에 기여하라

나는 여든 살에도 백발을 휘날리며 스키를 타는 게 오랜 소망일 만큼 스키를 좋아한다. 스키 동호회 사람들과도 인연을 오래 이어오고 있다. 그런데 동호회에서 만난 사람 중 작은 회사를 운영하는 지인이 좋은 마음을 먹고 방송사의 불우이웃돕기 성금에 2000만 원을 기부했다고 한다. 그때 연말 기부 방송 명단에 1~2초간 자신의 회사가 등장했다가 사라졌는데, 방송을 보고 나니 어딘가 허무한 기분이 들었다는 것이다. 분명 좋은 일을 했건만 자신이 한 기부가 잘 와닿지 않았다는 이유였다.

그 이야기를 듣고 나는 연탄 배달 봉사를 하는 게 어떠냐고 제안했다. 회사에 다닐 때 회사 차원에서 연탄 배달 봉사를 했던 기억이 나서였다. 연탄을 사용하는 곳이 주로 산동네 비탈길에 있고, 연탄은 하나에 3.6킬로그램 정도로 꽤 무거운 편이다. 그러다 보니 배달 비용이 많이 든다. 하지만 동호회 사람들이 함께 연탄을 배달하면 더 많은 연탄을 나눌 수 있었다. 이 계획을 말하자 많은 사람이 흔쾌히 참여했고, 그렇게 몇 번 연탄 배달 봉사를 하게 됐다. 처음에는 낯설기도 하고 나 하나가 봉사하는 걸로 큰 보람을 느낄까 생각도 했지만, 올해도 또 왔냐며 반겨주는 할머님을 만나기라도 하면 내가 세상에 조금이라도 기여하고 있다는 생각에 마음이 뿌듯해졌다.

즐겁게 살기 위해서 필요한 건, 몇 번을 말하지만 균형이다. 그런데 나 자신만을 위해 사는 것만으론 균형을 이룰 수 없다. 우리는 결국 타인과의 관계 속에서 자신의 가치를 실현하는 존재다. 그러지 않으면 경제적으로 잘살 수는 있지만, 진정 좋은 삶이 될 수는 없다. 세상에 기여하는 기쁨을 배워야 한다. 대단한 게 아니어도 좋다. 봉사나 기부가 아니라 해도 자신이 할 수 있는 만큼, 할 수 있는 방식대로 하면 된다. 나를 돌보고 내가 원하는 일을 하면서도 세상에 기여할 수 있다. 중요한 건 세상에 기여한다는 마음으로 살아가는 태도다. 그러면 사소한 일도 조금 더 즐거워진다.

예를 들면, 내가 건강 관리를 잘하면 병원에 자주 가지 않으니 국민건강보험공단에 부담을 주지 않는다. 내 몸을 잘 돌보는 것도 작지만 세상에 기여하는 일이 아닌가? 이 책도 마찬가지다. 60여 년의 인생을 살아보니, 인생에 숨은 비밀은 없었다. 다만 어릴 적 이미 들었던 진리에 대해 고개를 끄덕이게 됐다. 내가 다시금 배운 것들이 한창 인생을 지나고 있는 이들에게 작은 도움이 되길 바라며 썼다. 만약 성공이나 명예를 위해 책을 썼다면 그 과정도 힘들었을 것이고, 시작하기도 어려웠을 것이다. 하지만 누군가에게 기여한다는 마음으로 책을 쓰니 그 자체로 즐거움이고 보람이 될 수 있었다. 게다가 이런 마음들이 쌓이면 내가 꽤 괜찮은 사람이라는 생각이 든다. 그래서 탈무드에서는 "남을 행복하게 하는 것이 향수를 뿌리는 것과 같다"라고 했다. 향수를 뿌리면 그 향기가 자기에게도 묻어나기 때문이다.

한 달에 만 원이라도 힘든 누군가와 나눈다면 세상에 기여할 수 있다. 점심을 먹으러 간 식당에서 웃으며 인사하고, 고민하는 후배의 등을 두들겨줄 수 있다면 그 역시 세상에 기여하는 일이다. 자신을 긍정할 수 있는 가장 쉬운 방법이 바로 세상에 기여하는 무언가를 행하는 것이다. 그러니 세상에 기여하는 재미를 익히자. 그 순간들이 분명 우리 삶을 더 즐겁게 만들어줄 것이다.

캐릭터라는 운명

우리 대부분은 자신의 운명을 궁금해한다. 용하다는 점쟁이를 찾아가기도 하고, 운명을 바꾼다며 부적이나 굿을 하는 사람도 있다. 그렇다면 운명이란 무엇일까? 나는 운명을 그 사람이 가진 캐릭터의 결과라 생각한다. 소설가도 소설 속 인물의 성격과 인격이 구체적으로 정해지고, 그들이 어떤 상황을 마주할 건지만 설정하면, 어느 정도는 스토리가 알아서 진행된다고 한다. 이런 캐릭터의 사람이라면 이런 상황에서 이런 결정을 할 것이 분명하고, 그 순간의 선택이 모여 한 인간의 운명을 만들기 때문이다.

그런데 캐릭터는 본연의 성격과 후천적 성품이라고 할 수 있는 기질의 합이다. 이때 본연의 성격은 바꿀 수 없는 그 사람의 고유한 특질이자 기품이다. 여기에는 옳고 그름 또는 좋고 나쁨이 없다. 하지만 기질은 다르다. 본연의 성격이 구현되는 수준이며 인격과 태도이기도 하다. 예를 들어 가방은 물건을 담는 것이 목적이다. 이러한 가방의 정의와 쓰임은 바뀌지 않지만 어떻게 만드느냐에 따라 그 질은 천지차이가 나듯이, 사람도 본연의 성격은 바뀌지 않지만 기질은 개인의 노력에 따라 달라질 수 있다. 자신의 운명을 이해하고 싶다면 자기 본연의 성격을 알아야 하고, 자신의 운명을 바꾸고 싶다면 자신의 기질을 바꿔야 한다. 내향적인 사람이 외향적인 사람으로 바뀔 순 없겠지만, 배려와 친절은 익힐 수 있는 것이다. 그러면 어떻게 해야 자신의 캐릭터와 기질을 바꿀 수 있을까?

사람이 갑자기 바뀌면 죽는다는 말도 있을 만큼 분명 어려운 일이다. 그래서 작은 노력이 중요하다. 말투와 표정과 마음가짐부터 아주 조금씩 바꿔나가면, 자신의 캐릭터에도 변화가 생긴다. 의식적으로 노력해 바꾼 말투 하나, 표정 하나가 자신의 캐릭터까지 바꿀 수 있는 것이다.

시작은 단순하다. 매일 아침 거울 앞에 서서 10초만 다짐해보자. 오늘은 만나는 모든 사람에게 '내가 당신을 존중한다'는 마음이 들 수 있도록 말하고 행동하자. 환하게 웃고, '빨리 빨리', '피곤해죽겠네', '짜증 나' 같은 말은 멀리하자.

이처럼 실천하기 쉽고 간단한 일부터 하나씩 시작하면 된다. 결과가 곧바로 나오지는 않더라도 분명 효과가 있다는 걸 느낄 것이다. 그리고 이런 실천이 꾸준히 지속된다면 자신의 캐릭터도 조금 더 긍정적으로 바뀐다는 것을, 이로써 운명까지 달라진다는 것을 알게 될 것이다.

이때 중요한 건 말투와 표정과 같은 태도지, 말을 잘하는 게 아니다. 말이 더 즉각적이고 티가 잘 나기에 사람들은 말 잘하는 사람을 더 부러워한다. 여러 사람 앞에서도 말을 잘하는 사람은 순식간에 좌중을 휘어잡고 주변에 많은 사람을 둔다. 심지어 회사에서도 의견의 타당함이나 사실관계와는 상관없이 말을 잘하는 사람의 의견이 더 잘 통과된다.

당연히 그들의 운명이 더 좋은 것처럼 보인다.

하지만 조금만 시간이 흐르면 그 사람의 말에 허점이 드러나는 경우가 많다. 게다가 말만 번지르르하고 행동하지 못하는 부류도 많다. 화려한 말솜씨로 어려운 용어를 섞어가며 잘난 척과 아는 척을 하는 사람이 있다면 주의해야 할 대상으로 보는 게 맞다. 말수가 적고 말주변이 없더라도 정확한 사실이 포함된 담백한 언어를 구사할 수 있다면 그것으로 충분하다. 간결하고 정중하게 상대를 배려하는 말을 한다면 어디서나 환영받을 수 있다.

자신의 태도를 바꿨다면 행동도 바꿔야 한다. 적극적으로 시도하고 배려하는 행동이 필요하다. 단체로 캠핑이나 엠티, 워크숍 같은 것만 같이 가봐도 대충 성격 파악이 된다. 누군가는 끊임없이 장작을 패고 불을 피우고 음식을 준비하는 반면, 다른 누군가는 입만 살아 떠들고 놀면서 이래라저래라 간섭한다. 그저 할 줄 모른단 이유로 몸을 움직이지 않지만, 결국 그들은 타인을 위해 기여하고 봉사하는 기쁨을 누리지 못하는 것이다.

말을 썩 잘하지 못하는 내가 오랜 세월 직장 생활을 하며 조직의 리더로 성장할 수 있었던 비결도 먼저 행동하는 것에 있었다. 남들이 보기에 정말 사소한 거라 하더라도, 직접 몸을 움직여 기여하면 사람들은 자연스레 그런 사람을 따르게 된다. 새로운 일에 도전하고, 조금만 더 부지런히 자신과 타인을 위해 몸을 움직이면 미래는 점점 달라진다.

마지막으로 말과 행동보다도 더 중요한 건 바로 마음이다. 결국 태도와 행동은 마음으로부터 나온다. 그러니 스스로 마음을 닦으며 조금 더 따뜻하고 너그럽고 친절한 마음을 품자. 운명은 그 사람을 닮는 법이다. 좋은 사람이 되는 것, 결국은 그게 좋은 운명을 만드는 최고의 비결이다.

지금이 아니면
다음은 없다

말만 거창하게 하는 사람들이 있다. 이미 다 된 것처럼 허풍이 심한 것이다. 아니면 반대로 조심성이 많고 신중해서 준비하는 데 너무 많은 시간을 쏟는 사람도 있다. 결과가 제대로 나오지 않을까 봐 걱정이 돼서 저지르지는 못하고 준비 단계에서 완벽을 기하려고 하는 것이다.

하지만 아이디어를 짜내는 것보다 중요한 것은 아이디어를 실행하는 것이다. 시작이 반이라고, 일단 저질러야 한다.

완벽한 계획 따위는 애초에 존재하지 않는다. 뭐든지 첫걸음이 힘들지, 일단 시작해야 앞으로 굴러간다.

시작한다는 것은 자동차에 시동을 거는 일이다. 시동이 걸리고 차가 조금씩 앞으로 나아가면 방향 전환도 쉽고 가속 페달을 밟기도 쉽다. 일단 출발하면 나머지는 훨씬 더 수월해지는 것이다. 우리 삶도 마찬가지다. 완벽해진 후에 시작하려고 하면 아무것도 하지 못한다. 먼저 시작하고 나중에 완벽해지려고 노력하자. 생각하고 있는 게 있다면 즉시 실행에 옮기는 것이다. 생각만 오래하고 실행을 늦출수록 우리 앞에 놓인 수많은 기회만 놓칠 뿐이다.

미국 경영학자인 로버트 론스타트는 창업에 성공하거나 실패한 사람들을 연구해 큰 차이점 하나를 발견했다. 우선 실패한 사람들은 상황이 완벽해질 것을 기다렸다. 반면 큰 성공을 거둔 사람들은 일단 저질렀다. 시작하기 전에는 몰랐던 것들을 시작 후 그 안에서 직접 하면서 발견할 수 있었고 이로써 뜻하지 않은 기회를 잡은 것이다. 시작을 해봐야 보이는 게 있는데, 이른바 '통로의 원리'가 그렇다. 밖에서 아무리 열심히 관찰하고 준비해봤자, 통로는 그 안으로 들어가야만 볼 수 있다. 직접 뛰어들지 않으면 절대 모르는 것들이 있는 법이다.

제2차 세계대전 당시 미국의 영웅 조지 S. 패튼 장군도 "지금 적극적으로 실행되는 괜찮은 계획이 다음 주의 완벽한 계획보다 낫다"라고 말했다. 나도 그의 말에 100퍼센트 동의한다. 하고 싶은 일이 있으면 우선 사소한 일부터 시작하자. 준비만 오래하다가 지쳐 나가떨어지는 어리석은 행동은 하지 말자. 완벽하지 않아도 된다. 일단 시작해야 기회가 눈에 보이고, 그 기회를 놓치지 않을 수 있다. 마치 근육과도 같다. 평소에 자주 쓰지 않으면 어느 순간 딱딱하게 굳어버려서 몸을 움직이려고 해도 잘 움직여지지 않는다.

이솝우화에 나오는 '여우와 신 포도' 이야기를 기억할 것이다. 여우는 자신의 손이 닿지 않는 포도를 보며 "저 포도는 너무 시고 맛이 없을 거야"라고 말하고 가버린다. 자신의 능력으로 포도를 먹을 수 없다는 현실을 인정하기보다 자신이 노력할 가치가 없는 신 포도라고 자기 자신을 속인 것이다.

지금도 많은 사람이 포도나무 아래의 여우처럼 상처받을

까 두려워서 도전도 해보지 않고 '내가 뭘 좋아하는지 모르겠다'거나 '저거 돼봤자 별거 없다'고 생각하며 스스로를 속인다. 실패하는 게 두려워서 열심히 하지도 않은 채 '어차피 진지하게 하는 것도 아니고 장난삼아 하는 거니까'라며 멋쩍게 딴청을 부린다. 실패했을 때를 대비해 핑계를 만드는 꼴인데, 당연히 이렇게 하면 원하는 결과물은 얻지 못한 채 모든 게 흐지부지된다.

매번 이런 일이 반복되면 전력을 다해본 적 없는 인생을 살게 된다. 그리고 곧 자신의 인생에 소중한 경험이 하나도 없다는 사실을 깨닫게 된다. 죽을 힘을 다해 열심히 하고 그런 자신의 모습을 부끄러워하지 않는 자세야말로 나자신의 삶을 사랑하는 가장 빠른 길이다. 그리고 그렇게 우선 시작하고 실패를 거듭하다 보면 의외의 기회를 발견하게 된다. 포스트잇도 접착제를 만들려다 실패했기 때문에 개발할 수 있었던 희대의 히트 상품이다. 완벽해진 후에 시작했다면 절대 나올 수 없었던 제품인 것이다. 그러니 지금 당장 시작하자. It's now or never. 지금이 아니면 다음은 없다.

이런 이야기를 하는 어른도 있어야 할 것 같아서

책을 쓰는 일은 재미있을까? 글쓰기보다는 말하기를 좋아하고, 혼자 있기보다는 각종 모임에 참석해 씩씩하게 노는 것을 좋아하는 내가 이렇게 책을 쓰게 될 줄은 꿈에도 몰랐다.

그래도 돌이켜보면 책을 쓰게 된 몇 번의 계기는 있었다. 평범한 대화 속에서 불쑥 던지는 나의 말이 의외로 큰 도움이 되었다며 출판을 권한 사람들이 있었다. 대학교수로 재직하며 취업을 앞둔 학생들의 고민을 듣고 함께 답을 찾아본 것도 중요한 동기가 되었다. 다들 꼰대를 싫어하고 자신이 꼰대짓을 하는 건 아닌지 겁내는 시대지만, 그럼에도 세상 사는 지혜를 알려주는 어른의 한마디는 많이들 필요로 했다.

인터넷에서 검색하면 나오지 않는 것이 없을 것 같지만 실상은 그렇지 않다. 오히려 예전에는 선배나 선생님, 혹은 집안 어른에게도 쉽게 상담을 하고 의견을 구하곤 했는데, 요즘은 각자도생의 시대라 딱히 무언가를 물어볼 데도 별로 없다. 어른이 되어 이제 막 사회라는 정글로 들어서려는데 아는 것도 없고 도움을 구할 데도 마땅치 않으니 불안하기만 한 것이다.

직장 생활을 10년 이상 한 경력자도 마찬가지다. 10년 일한 사람이라면, 11년 차는 또 처음이다. 그 시기에 겪게 되는 온갖 고민들이 자신을 엄습한다. 이를테면 회사에 비전이 없어 보여 그만두고 싶어도 막상 떠날 용기는 나지 않는다. 이럴 수도 저럴 수도 없어 앞이 막막하고 괜히 짜증만 난다. 그러다 마음의 병이 생겨도 뭘 어떻게 해야 할지 알 수가 없다. 오랜 직장 생활을 하며 이런 후배들을 수도 없이 만났다. 그들은 나를 만날 때마다 고민을 털어놨고 내 생각을 듣길 원했다. 그런 일이 반복될수록 그들에게 작은 단서라도 주고 싶다는 나의 책임감도 커졌다.

내 경험이 별게 아니고 사실 아는 것도 그렇게 많지 않지만, 그럼에도 누군가에겐 내 이야기가 도움될 거라 믿고 세상에 이 책을 조심스레 내보낸다. 허튼소리가 있다 하더라도 알아서 걸러 들으며 현명하게 취사선택을 하면 좋겠다.

출판하기로 마음먹고 첫 미팅을 한 지 딱 1년 만에 책이 나온다. 첫 책인 만큼 두렵기도 하고 기대도 많이 된다. 당연히 멋쩍은 부분도 있다. 내가 무슨 현인이라도 된 듯 아는 척, 있는 척을 실컷 한 것 같기도 하고, 글의 내용과 실제 나의 행동에도 어느 정도 차이가 있기에 정체성의 혼란을 느끼기도 한다. 그래도 어른으로서 재미있게 사는 법에 관한 평소의 내 생각을 진솔하게 푼 것만은 분명하다. 그리고 내 이야기가 비슷한 문제로 고민하는 후배 직장인들에게 조금이나마 도움이 되면 좋겠다는 마음도 진심이다.

주변 친구들에게 책을 쓰고 있다는 말을 꺼내는 것도 쑥스러웠다. 글을 쓰는 작가도 유명한 사람도 아닌 내가 뭔데 글을 쓰냐는 소리를 들을 것 같았다. 평범한 직장 생활을 해온 내가 무엇을 안다고. 그런데 막상 말을 꺼내보니 쓸데 없는 걱정이었다. 특히 '재미'에 관한 글을 쓴다고 하니 과연 그런 이야기는 쓸 자격이 있는 사람이라고 이구동성으로 말해주었다. 그 모든 한마디가 내게 큰 힘이 됐다.

결과보다는 준비 과정이 더 즐겁다는 점에서 출판은 여행과 비슷했다. 게다가 내게 글쓰기와 출판은 모든 것이 새롭고 낯설었기에 도전이 아닌 것이 없었다. 이 책에서 계속 강조한 새로운 배움과 도전이 가득한 작업이었고, 그만큼 인생에 기억에 남을 만큼 재미있는 과정이었다. 내가 느낀 재미가, 그리고 내가 사람들과 나누고자 한 재미의 진면목이 이 책을 읽는 당신에게도 온전히 잘 전달된다면 더 바랄 게 없겠다.

2022년 3월

대관령 횡계에서 진영호

어른의 재미

초판 1쇄 발행 2022년 3월 23일
초판 3쇄 발행 2024년 3월 28일

지은이 진영호
기획 김수현

편집 윤성훈
교정교열 김정현
디자인 studio forb
일러스트 최진영
마케팅 (주)에쿼티
제작 (주)공간코퍼레이션

펴낸이 윤성훈 **펴낸곳** 클레이하우스(주)
출판등록 2021년 2월 2일 제2021-000015호
주소 경기도 파주시 회동길 530-20, 402호
전화 070-4285-4925 **팩스** 070-7966-4925 **이메일** clayhouse@clayhouse.kr

ISBN 979-11-977684-1-5 (03320)

클레이하우스(주)는 쓸모 있는 지식, 변화를 이끄는 감동, 함께 나누는 재미가 있는 책을 펴냅니다.
저희와 이런 가치를 함께 실현하길 원하는 분이라면 주저하지 마시고 이메일로 기획안과 원고를 보내주세요.